民族之魂

严肃认真

陈志宏◎编著

延边大学出版社

图书在版编目（CIP）数据

严肃认真 / 陈志宏编著 . —— 延吉：延边大学出版社，2018.4（2023.3 重印）

（民族之魂 / 姜永凯主编）

ISBN 978-7-5688-4517-5

Ⅰ . ①严… Ⅱ . ①陈… Ⅲ . ①品德教育—中国—青少年读物 Ⅳ . ① D432.62

中国版本图书馆 CIP 数据核字（2018）第 069121 号

严肃认真

编　　　著：陈志宏

丛 书 主 编：姜永凯

责 任 编 辑：王　静

封 面 设 计：映像视觉

出 版 发 行：延边大学出版社

社　　　址：吉林省延吉市公园路 977 号　　邮编：133002

网　　　址：http://www.ydcbs.com　E-mail：ydcbs@ydcbs.com

电　　　话：0433-2732435　　　传真：0433-2732434

发行部电话：0433-2732442　　　传真：0433-2733056

印　　　刷：三河市同力彩印有限公司

开　　　本：640×920 毫米　　　1/16

印　　　张：8　　　　　　　　字数：90 千字

版　　　次：2018 年 4 月第 1 版

印　　　次：2023 年 3 月第 2 次印刷

ISBN 978-7-5688-4517-5

定价：38.00 元

人有灵魂，国有国魂；一个民族，也有民族魂。

鲁迅先生曾经说过："唯有民魂是值得宝贵的，唯有他发扬起来，中国才有真进步。"

鲁迅先生以笔代戈，战斗一生，曾被誉为"民族魂"。

民族魂，顾名思义，就是一个民族的灵魂！民族魂，是一个民族的精髓，体现了一种民族的精神，是一个民族生存和存在的精神支柱。

什么是中华民族的民族魂？那就是中华民族精神！它是中华民族凝聚力的理念核心，是中华文明传承的基因。它包含热烈而坚定的爱国情感，对生活的美好愿望和追求，为目标努力奋斗的拼搏毅力，为正义事业不惜牺牲自己的精神，以及正确的人生观和价值观。

前 言

翻开浩瀚的中国历史长卷，我们可以看到数不胜数的，体现民族精神和民族魂的英雄人物和可歌可泣的感人故事。

民族魂，不仅体现在爱国主义精神和行动中，而且体现在各个领域自强不息的民族奋斗中。而中华民族精神的力量，更是深深植根于延绵几千年的传统文化之中，始终是维系中华各族人民共同生活的纽带，是支撑中华民族生存和发展的精神支柱，是不断推动中华民族前进的强大动力。

民族魂体现在"重大义，轻生死"的生死观中；民族魂体现在"国家兴亡，匹夫有责"的使命感中；民族魂体现在"我以我血荐轩辕"的大无畏精神中；民族魂

体现在将国家利益置于最高的爱国情怀中！

纵观中华五千年文明史，曾经有多少杰出的政治家、军事家、思想家、文学家、科学家、艺术家；曾经有多少忧国忧民、鞠躬尽瘁的仁人志士；曾经有多少抗击外敌、英勇献身的民族英雄。他们或顺应历史潮流，积极改革弊政，励精图治，治国安邦，施利于民；或为人类进步而不断进行着农业、工业、科技、社会等各种创新；或开发和改造河山，不断创造着灿烂的中华文明；或英勇反击外来侵略，捍卫着国家主权和民族尊严；或坚决反对民族分裂，维护国家的统一……他们从不同的侧面，体现了中华民族的民族魂，谱写了几千年中华文明的壮丽诗篇，铸造了中华民族高尚而坚不可摧的"民族之魂"。

民族魂，就是爱国魂。从屈原在汨罗江边高唱的《离骚》，到文天祥大义凛然赴死前的"人生自古谁无死，留取丹心照汗青"的诗句；从岳飞的岳家军抗击入侵金兵，到郑成功收复台湾；从血雨腥风的鸦片战争，到硝烟弥漫的十四年抗战，再到抗美援朝的隆隆炮声……哪个为国捐躯的英雄不是可歌可泣的？

民族魂，就是奋斗魂。从勾践卧薪尝胆，到司马迁秉笔直书巨著《史记》；从鉴真东渡传播佛法终在第六次成功，到詹天佑自力更生建铁路；从袁隆平百次实验成为"水稻之父"，到屠呦呦的青蒿素获得诺贝尔奖……哪个不是历经艰难，最终取得成功？

民族魂，就是改革献身魂。从管仲改革到商鞅变法；从王安石变法到百日维新……哪次变法图强不是要冲破

旧势力的阻挠，或流血牺牲？

民族魂，就是创新魂。 古有毕昇发明活字印刷，今有王选计算机照排；古有指南针、造纸术、火药、浑天仪、地动仪的发明，今有神舟号的相继飞天……哪个不是中华民族的智慧结晶？

自古以来，多少仁人志士为了维护人格的尊严和民族气节，以生命为代价！留下了"玉可碎不可污其白，竹可断不可毁其节"的称颂；有多少英雄豪杰，为理想和事业奋斗，面对死亡的威胁，大义凛然；有多少爱国壮士面对侵犯祖国的列强，挺身而出而献出生命。

伟大的中华民族孕育了五千年的辉煌，五千年的历史留下了璀璨的中华文明。

前 言

中国人的血脉流淌着顽强不屈的精神！我们的先辈用血汗和生命铸就了不朽的中华民族魂！换得如今中华大地的一片祥和安宁，换得我们现在的幸福生活。如今，我们要实现习近平主席提出的中国梦，依然需要我们秉承祖辈留下的这种"民族魂"。

青少年是国家的希望，亦是民族的未来。因此，爱国主义教育和励志图强教育要从青少年开始。为了增强对青少年的民族精魂和志向教育，我们精心编写了本套丛书——《民族之魂》丛书。

本套丛书将我国有史以来体现民族精神和民族魂的典型事迹，以通俗易懂的语言故事形式展现出来，适合青少年的阅读水平和欣赏角度。书中提供的人物和事件等故事，涉及社会的各个方面，有利于青少年学习和理

解，使读者能全方位地领悟中华民族精神。

为了帮助读者更好地理解和吸收故事的精神，编者在每篇故事后还给出了"心灵感悟"，旨在使故事更能贴近现实社会，让读者结合自身的需要学习领会，引发读者更深入的思考。

希望读者们可以从本套图书中获得教益，通过阅读，真正体会到中华民族之魂所在，同时能汲取其精华，不断提升自己各方面的素质和品格，为祖国新时代的建设和发展做出努力。

全套丛书分类编排，内容详尽，风格独具，是广大读者尤其是青少年爱国励志教育的优秀阅读材料。相信本套丛书一定可以成为青少年朋友的良师益友。

民族之魂

　　"求真"是中国传统美德的基本规范之一，历来被视为"立人之大节""治世之大端"。"真实"是人内心的善恶、正直，不违本意的荣辱标准，它要求人做事要襟怀坦荡和诚恳。一个真实的人，首先是对自己真实，不欺骗自己，不夸大自己，并在面对荣誉时也能保持本色。其次就是真实地看待自己，不隐瞒自己的错误，虚心改过。最后就是学会客观地看待社会和人性，顺其自然，适应社会。

　　虽然人生在世的立身之道各有所为，有以德安身者，有以贤立世者，有以勤补拙者，有以苦砺志者等，这些都可以成为立身做人的要素，但无论如何，都不可缺少诚实认真、襟怀坦荡这一立身之本。"诚于中，必能形于外"。内心纯净无染，一片至诚，外在就会坦荡正直，可敬可信。

　　历史上以诚待人做事、以真处世修为的佳话不胜枚举。"鲍子都不贪无主之财"，即使在无人知晓、无人看到的情况下，能够不贪心、不昧财，这种精神实为做到古代有修为的人所推崇的"慎独"的境界；"陈纪卖房不欺瞒"，这种以不欺骗他人的心态做交易的行为，就是现在许多做假造假者的"照妖镜"；"江一真抵制浮夸风"，为官一方，真实主政，这样的官员越多越好；"华佗行医不妄断"，即使已是大名鼎鼎的医者，依然尊重生命，小心翼翼地对待每一位患者，这种医德实为今天行医之本。这些鲜活的故事，都说明我们的先人们坦诚求真的高贵品格。

从做人的品格来讲，襟怀坦荡、诚实做人都是被世人所推崇的。这样，于己是对自身人格的尊重；于人则是一种交往的道德尺度，是把握良心和正义的一种大度和自信。所谓情操、襟怀、气节、信仰等为人的美好品德，其实都是以真实坦诚为基础的。生活中离开了"真实"二字，交友不会是好朋友，经商不会是好商人，为官更不会是好官。凡是变心的朋友、变味的商人、变质的官员，大多是从不严肃、不真实、不坦诚而开始变化的。在生活中，只有以真心待人，才能交到良友；在工作中，只有坦诚相待，才能进行有效的沟通，才会相互尊重，合作关系才可能持久。

在本书中，我们精心选编了历史上以及近现代一些体现真诚待人、坦率做事的经典故事，希望读者通过阅读此书，能够更深刻地理解它的内涵意义，从中受到启迪。在自己的日常生活和学习工作中，能够以他们为楷模，做到真诚秉直，不断地完善自我，做言行端正、品德高尚的人。

目录
CONTENTS

第一篇

为人襟怀坦荡

申徒嘉身残心高尚

国侨（？—前522），姬姓，公孙氏，名侨，字子产。春秋时期郑国（今河南新郑）人。著名的政治家和思想家。国侨是郑穆公之孙，公子发之子，所以又称公孙侨。公子发，字子国，其后以"国"为氏。公元前554年任郑国卿后，实行了一系列政治改革，承认私田的合法性，向土地私有者征收军赋；铸刑书于鼎，为我国最早的成文法律；主张保留"乡校"，听取"国人"意见，善于因才任使，采用"宽猛相济"的治国方略，将郑国治理得秩序井然。

春秋时期，郑国贤士申徒嘉与执掌郑国国政的子产大夫共同拜师于伯昏无人，跟随先生学习古代典籍，研讨关于天地万物、人伦社会的根本道理。起初，师兄弟二人几乎每天都一同出入师门，一同听老师讲课，一同与老师讨论，切磋琢磨，学问日长。渐渐地，子产在出入老师家门时总有意无意地与申徒嘉错开。

子产为什么要躲避申徒嘉呢？原来，申徒嘉曾被处刖刑（古代砍掉脚的酷刑），现在成了一个只有一只脚的残疾人。而自己呢，不仅四肢健全，政绩卓著，还是一人之下、万人之上的执掌国政的贵族大夫。所

以，子产总以为与一位受过刑罚、四肢不全的残疾人在一起有失体面。

再说申徒嘉，他本不是碌碌之辈、龌龊小人，也不是真的犯了什么罪而遭此酷刑。相反，他是一位学问精深、见解独到、表里如一、光明磊落的正人君子。更可贵的是，他敢于直谏国君的过错，敢于为民请命，所以才触怒了国君。他成为残疾人之后，并没有变成那种猥琐的人，仍然一如既往，坦坦荡荡地做人、做事。所以，他无论如何也不会想到子产会介意他是一个残疾人。

一天，申徒嘉同以往一样，又邀请子产，自己一同走。子产实在忍不住了，便冷冷地对申徒嘉说："要么我先出去，你留下；要么你先出去，我留下。"说完便扬长而去。

第二天，他们又来到先生家，合堂同席坐在一起听老师伯昏无人讲庄子"万物与我并生，天地与我齐一"的道理。申徒嘉似有所悟，而子产则在想着怎样甩开申徒嘉。到了晚上，还没等申徒嘉站起身，子产便先说了话："我先出去，你等一会儿再出去；要不然你先出去，我等一会儿再出去。"

申徒嘉说："自己辩白自己的过错，认为不应该受罚的人比比皆是；受罚时，不为自己辩白，不认为自己不该受罚的人却很少。知道事情的无可奈何而能安之若命，是只有有道德的人才能做到的。进入到羿的射程之内，被羿射中是必然的。然而，有时却没被射中，那是侥幸。经常陪侍昏君，正直的人受罚是必然的，而有的人能全形保命，也只能是侥幸而已。起初，很多人以自己四肢健全讥笑我的残疾，我非常生气，等来到先生这里之后，这些怒气全消了。这不是先生在用善道教育我，洗去了我内心的灰尘吗？我随先生学习已十来年了，从未感觉到我是被砍了脚的人。现在，我们以形骸内部的精神、道德相交，共同探讨那超越形骸的根本大道，而你却只看我的外表，这不是太过分了吗？"

子产听了申徒嘉的话，脸上一阵发烧，惭愧地说："请您不要再说了。"

■故事感悟

在精神与形体这对矛盾体中，人应该超越形骸的束缚，追求心灵的美好和精神的自由。一个徒有其表而心灵空虚的人，不是一个完美的人；相反，一个形体残疾而心灵充实的人，却是一个可敬的人。虽然申徒嘉身体有残，但他却有着一颗美好的心灵，我们没有任何理由和资格去歧视申徒嘉这类人。

■史海撷英

子产治郑国

子产年轻时，就表现出了一定的远见卓识。郑简公元年（公元前565年），其父公子发率军攻蔡，大获全胜，郑人大喜。而子产却指出，这将导致楚国来攻和晋国的反击，从而使夹在中间的郑国饱受战祸。

两年后，公子发在贵族内讧导致的政变中被杀，郑简公也被劫持到北宫。子产沉着机智，部署周密后始率家兵攻打北宫，在国人的支援下平息了变乱。新任执政公子嘉制订盟书，强调维护个人特权，引起了贵族大臣的反对，但公子嘉仍然打算强制推行。子产力劝公子嘉焚毁盟书，平息众怒，以稳定政局。

郑简公十二年（公元前554年），公子嘉最终因专权被杀，子产被立为卿，任少正。在同霸主晋国的一系列交涉中，他据理力争，不卑不亢，尽力维护郑国的权益。

郑简公十八年（公元前548年），子产随执政的公孙舍之攻打陈国。他

非常注意军纪,遵守传统礼制。事后在向晋国献捷时,子产又有理有据地驳回了晋人的责难,迫使其承认郑国的战绩。为此,郑简公给予子产重重的赏赐,他却只接受了与其地位相称的那部分。

次年,楚康王为了慰抚许国率军伐郑,子产主张坚守不战,让楚军获取小利后便满意而归,以换取较长时间的和平。郑人照子产的话行事,果然促成了"弭兵之盟"。

简公二十三年(公元前543年),郑国大臣内讧,执政伯有被杀。子产严守中立,以其卓越的才能受到了多数人的尊重,遂在显贵首领罕虎的支持下,出任执政。

□ 文苑拾萃

子产宽猛相济

据史书记载,子产在临终前曾留下这样一段话:"谓子太叔曰:为政,唯有德者能以宽服民,其次莫如猛。"

子产的话意思是说,要想治理好一个国家,首先应该以德去感化民众,用宽宏的态度去教育民众,这样才能使民众心悦诚服。其次,还要配之以刑罚,用威严的法律去约束百姓,严厉惩治那些违法乱纪的犯罪分子。

子产执政期间,在施政上采用了以宽为主、宽猛相济的治国方针,取得了比较显著效果。比如在发展生产上,他实施丈量土地划定田亩的方法,兴修水利,采用调动人们劳动积极性的方式推动生产发展的措施;在税收制度上,他积极进行改革,以丘为单位(一井九百亩,四井为一邑、四邑为一丘),规定每丘负担军马一匹、牛三头的上缴任务,改变了过去乱摊派的现象;他广开言路,以改进政府的各项工作;同时,他还下令将国家的法令镌刻在鼎上公布于民,要求国人均要认真学习遵守。

子产宽猛相济的治国良策,在郑国得到了贯彻落实,对当时郑国的生产经济发展、社会稳定、人民安居乐业起到了一定的积极作用。

鲍子都不贪无主之财

鲍宣（生卒年不详），字子都，渤海高城（今河北盐山县）人。西汉时期大臣。他是举孝廉出身，担任郎官、冀州从事。汉哀帝初年，出任大司空（何武）西曹掾，迁谏大夫，外放豫州牧，受到丞相司直郭钦弹劾，坐罪免官。归家数月，复征为谏大夫，累迁司隶校尉，反对外戚专政。

鲍子都是西汉时期的一名博学多才、道德高尚的书生。有一年，他觉得自己的学识已经达到了可以从政的水平，就准备动身到京城去应试，等待被国家任用的机会。筹足了路费，鲍子都往车里装些书，驾好马就上路了。

走着走着，鲍子都忽然听到身后有马蹄声，回头一看，是一位青年，骑着马跟在他的车子后面。那青年见他回过头来，有点不好意思地说："对不起啊，我惊动您了！"

鲍子都就问："不知道你要上哪儿去？"

那青年说："我要到京城去！"

鲍子都高兴起来，说："太好了！我也到京城去，咱们一路作伴吧！"

那青年又说："我真羡慕您有那么多的书！可我随身只带一卷，太惭愧了！"

鲍子都一看，他的马背上的确只有一卷简册，便说："等到了京城，咱们交换着读吧！"

话未说完，只听"哎哟"一声，那青年忽然从马背上栽了下来，跌在地上不省人事。

鲍子都连忙停下车，把那青年扶起来，只见他双目紧闭，口吐白沫，双手捂着胸口。鲍子都一边喊："你怎么啦？你怎么啦？"一边把他放倒平躺，解开他的衣服，为他按摩心口。

鲍子都感到，青年的身体逐渐变凉，胸口已无搏动，呼吸已经停止，他死了。这可怎么办呢？他是谁？连姓名都还来不及通报，他就猝死了，怎么处理他的后事呢？怎么告诉他的家人呢？身边连个商量的人都没有，鲍子都急得团团转。他检查死者的遗物，发现除了一匹马和一卷简册以外，还有一个小包袱，沉甸甸的，打开一看，里面是十块银饼。怎么把死者的遗物送还他的家人呢？真犯愁！

鲍子都打定主意，他先把青年的尸体放到车上，自己骑上那青年的马向最近的村子走去。来到村里，他用一块银饼为死者置办了棺材，办理丧事，把剩下的九块银饼包好，枕在死者的头下，又把那卷简册打开，盖在他的身上；又选择一个标志明显的坟地安葬了死者。这一切都办好后，鲍子都驾起车继续赶路。至于死者的马，他让它随在车后，一路精心喂养。他想，待找到死者家人就归还。

鲍子都日行夜歇，终于到了京城。那匹马原是一路跟在车后，不料刚进京城城门，它却十分起劲地跑在车前。鲍子都赶着车紧紧跟在后面，生怕马走失了。那匹马走着走着，来到一家大户人家门口停下了。正巧门内走出一个老人，看到马"咦"的一声说："我家的这匹马怎么在这里？"

鲍子都的车赶到后，老人就问："相公怎么得到这匹马的？"

鲍子都下车作揖说："老人家，这匹马果真是你家的吗？那我就可以了却一桩心事了！"接着，他就把青年的死讯、银饼和书简的下落，都如实告诉了老人。

老人听完鲍子都的话，不禁失声痛哭，说："那是我的儿子呀！"

后来，老人一家随鲍子都找到坟地，把青年的尸体移回京城重新安葬。开棺的时候，死者家人看到银饼和书简的确都如数随葬。

这位老人是一名官位很高的关内侯，痛定之后，他想：我失去了一个儿子，但为国家发现了一位诚实的君子。于是，老人就把鲍子都推荐给了官府。

■ 故事感悟

鲍子都不仅不贪慕无主的钱财，让死者入土为安，还遵从道义找到了死者的亲属。他的这种真诚待人的高尚品德不正是我们当代青少年学习的典范吗？

■ 史海撷英

曹操取关中

曹操袭取关中之战发生于建安十六年（211年）七月。当时，曹操亲率大军征讨关中诸将，马超、韩遂等以10万大军拒守潼关，后被曹操离间战败，逃往凉州，关中为曹操据有。

曹操兵败赤壁，暂时收缩南下的势头，企图向关中、巴蜀地区发展。这时，关中地区虽然主要仍为韩遂、马超集团所控制，但由于他们的势力

有限，并未形成关中的主宰，因而除了韩遂、马超之外，还有侯选、程银、杨秋、李堪、孙横、梁兴、成宜、马玩等十多股较大的势力。这些势力基本上都是互不统属，自相割据。

■文苑拾萃

《太平广记》

《太平广记》是宋代人所编著的一部类书。全书共 500 卷，主要取材于汉代至宋初的野史小说及释藏、道经等和以小说家为主的杂著。由宋代的李昉、扈蒙、李穆、徐铉、赵邻几、王克贞、宋白、吕文仲等 12 人奉宋太宗之命所编纂。

该书的编撰工作开始于太平兴国二年（977 年），次年完成。由于成书于宋太平兴国年间，且与《太平御览》同时编纂，故而名为《太平广记》。

《太平广记》是分类编撰的，按主题可以分为 92 大类，下面又分 150 多个小类，例如畜兽部下又分牛、马、骆驼、驴、犬、羊、豕等细目，查起来比较方便。从内容上看，收录最多的是小说，因此可以说是一部宋代之前的小说总集。其中，有不少书现在都已经失传，只能在这部书里看到它的遗文。许多唐代和唐代以前的小说等，都是靠《太平广记》才得以保存下来的。

陈纪卖房不欺瞒

陈纪（129—199），字元方。颍川许（今河南许昌）人。与弟陈谌俱以至德称，兄弟孝养，闺门雍和。豫州刺史表上尚书，绘象百城，以励风俗。遭党锢后，累辟不就。董卓入洛阳，就家拜五官中郎将，纪不得已而到京师。累迁尚书令。建安元年（196年），袁绍为太尉，欲让于纪，纪不受。拜太鸿胪，卒于官。

在中国历史上，一些诚实不欺的故事千古流传，能给人以启迪。这里要讲的是后汉时陈纪卖房的故事。

后汉时期，名士陈寔是个很有学问的人。他有两个儿子，大儿子陈纪，字元方，二儿子陈谌，字季方，都是品学兼优的人。当时，人们称他们父子三人为"三君"。他们不仅学识渊博，而且为人诚实不欺，品德高尚。

陈纪在东郡有一所房子，因无人居住，打算卖掉，于是就请家人找一位买主。经四处打听，好不容易找到了一位买房子的人。家人向买房子的人介绍了房子的建筑材料如何好、工程质量如何好、价钱如何公道等。买房子的人实地察看后，觉得实际情况和所介绍的一样，便决定买

下来。

正当双方谈妥，马上就要拍板成交的时候，陈纪突然走了出来，对买房子的人说："这房子的确不错，但有一个很大的缺点，就是没有出水之处，每当天下大雨，积水很难排泄出去。这是个很伤脑筋的事情，你要好好考虑。"

买房子的人一听，便不买了。家人埋怨陈纪说："买卖已经谈妥，你把缺点说了出来，你看看，现在人家就不买了。"陈纪很不以为然，批评家人说："为人应当诚实，宁肯房子卖不出去，也不能为了一己私利而去欺骗别人。"家人听了，感到他的话很在情理。

■故事感悟

陈纪宁肯房子卖不出去也要说实话，充分体现出我国古代知识分子诚实无欺、不为一己私利而做亏心事的优良传统。

■史海撷英

难兄难弟

陈纪的父亲名叫陈寔，而陈寔一生中最得意的事，应该就是生了陈纪和陈谌这两个才学见识都非常高明的儿子，而且这两个儿子又给他生了很出色的孙子，陈家可谓满门俊才。

有一天，陈纪的儿子陈群与陈谌的儿子陈忠吵了起来，各自夸耀自己的父亲功业德行高，吵了好久也分不出胜负。两个孩子就跑到爷爷陈寔那里，要爷爷来评说。

陈寔不紧不慢地说："论学识品行，他们都是各有所长，互为兄长，难以分出高下优劣啊！"

这个故事流传很广泛，并形成了一个成语——"难兄难弟"。"难"字读nán，阴平，本来是"各有长处，难以分出高下"的意思。到了今天，却将"难"解释成了"苦难"的"难"，"难"的读音也成了去声，意为"一起患难的人，共处同一个困难境地的人"。

■文苑拾萃

《世说新语》

《世说新语》是我国南朝宋时期（420—479年）产生的一部主要记述魏晋人物言谈轶事的笔记小说。是由南朝刘宋宗室临川王刘义庆（403—444年）组织一批文人所编写的，由梁代的刘峻作注。

《世说新语》全书原为8卷，今传本只有3卷。卷下又分为德行、言语、政事、文学、方正、雅量等36门，1000多则，主要记述的是自汉末至刘宋时期名士贵族的逸闻轶事等，大部分内容都为人物评论、清谈玄言和机智应对的故事。

张翼顾全大局

张翼(？—264)，字伯恭。犍为武阳人也。高祖父司空浩，曾祖父广陵太守纲，皆有名迹。

三国时期，在今四川西部和云南、贵州一带生活着许多少数民族，当时统称为"西南夷"。他们有些与汉人杂居，有些则地境偏远，处在非常闭塞的状态中。刘备死后，蜀国出现叛乱，西南夷的豪强、首领也趁机反叛，于是蜀国丞相诸葛亮亲自率领军队前往南中地区，同时采取"攻心为上"的策略，七擒七纵西南夷首领孟获，终于平定了叛乱。

接着，诸葛亮设置庲降都督，总理南中。西南夷首领有些被任命为郡守、县令，有些被安排到成都做官，南中地区出产的金银、牛马等也源源运往蜀中，蜀国与西南夷重新和睦相处。

几年后，南中地区的少数首领因不满蜀国的统治，常常闹事反叛，很难治理。丞相诸葛亮颇感为难，最后下决心调一个能干而称职的人去做庲降都督。

选来选去，诸葛亮选中了蜀郡太守张翼。蜀郡是蜀国的都城所在地，担任蜀郡太守的历来是很有才干、品行端正的人，张翼也不例外。他的父祖辈都是很有名望的高官，他自己年轻时曾因品德优异而被举为孝廉。刘备入川建立蜀国时，他跟随刘备当了一名管理文书的小吏，后来逐渐升为县令、郡守。由于他始终兢兢业业，恪尽职守，所以被任命为国都蜀郡的太守。

张翼接到庲降都督的任命后，安排好家事，便立即起程赴任。到任所后不久，他便大刀阔斧地处理了几个带头闹事的酋帅、首领，又惩办了几个民愤较大的贪官污吏，这样乱事很快就平息下去了。

接着，张翼又颁布了一条法令，明确规定今后如再有人聚众闹事、发动叛乱，一律严办。

张翼是个刚正不阿的人，一向执法如山，从不宽宥，所以这些放纵、骄横的酋帅早就对他心怀不满，想赶走张翼，脱离蜀国的统治。一个叫刘胄的酋帅便联络许多村寨的夷民，举起反旗。

刘胄的乱事越闹越大，张翼不得不组织武装，准备用武力来征讨刘胄。他迅速把原来分散的州郡兵都集中起来，而且自他来到南中，就有随时迎战闹事酋帅的准备，因此从未放弃对州郡兵的训练。这次命令一下，队伍马上组织起来，并配备了勇武善战的将领。

一天，奉命集中操练的队伍整齐地排列在校场上，士兵们个个昂首挺胸，手持兵器。将领们威风凛凛地骑在马上，立于队前，只等统帅张翼一声令下，便马上开赴前线，征讨叛逆。张翼则一身戎装，表情十分严肃。他检查完士兵们的装备，清点好各路将士的人数，正要对将士们讲话，忽然远处驰来一匹快马，原来是从都城来的一位信使。他飞身下马，打开诏书，当众宣读。

诏书上说，庲降都督张翼，因用法严酷，引起南夷酋帅刘胄的反叛，现决定以参军、巴西人马忠代替张翼的职务，张翼回成都等候

处置。

诏命宣读完毕，将士们都惊呆了，张翼自己也愣住了。待将士们回营地待命后，张翼着急地在自己的营帐里踱来踱去。营帐外，张翼的随从、属员都在议论纷纷，很为他打抱不平，认为朝廷错怪张翼，不应把酋帅的反叛说成是张翼用法过严造成的。

在营帐里，张翼自己心里也很不是滋味。他扪心自问，来南中两年，自己始终是忠于朝廷的，而且两年中把南中治理得颇有起色。他确实严办过一些桀骜不驯的酋帅，但这样做也得到了大多数人的拥护。这次刘胄的反叛是蓄谋已久的，只要把他消灭了，南中地区就会得到大治。

想到这儿，张翼的心里感到坦然多了。这时一个属吏上前劝他，既然朝廷命令已下，不管怎样，你还是应该赶快奉诏回成都，听候处分。否则，怕对你不利。

张翼想了想，很坚定地说："不能这样回去！我是因为蛮夷蠢动，未尽到自己的职责，才被召回去的。可是，替代我的马忠还没到。眼下，我们正面临战事，要做的事很多，比如运粮积谷，为灭贼做好准备，岂可因为被黜退的缘故，就放弃公务不管呢！"身旁的人听了他这番话，都被他大义为公的精神所感动。

第二天，张翼又召集将士们在校场上演兵习武，他自己也像往常那样严加课督，一丝不苟。他的精神影响了所有的人，士兵们的情绪更加饱满，操练得更加认真，为迎战所进行的各项准备都在继续之中。从指挥部到下面的每个士兵，无一人懈怠，丝毫看不出临阵换将的迹象。就这样，直到马忠到任，张翼才离任。

后来，马忠依靠张翼在战备工作中所奠定的良好基础，很快便打败了刘胄，平定了叛乱。

张翼是个胸有全局的人，所以当调令降临时，他考虑的不是个人荣辱，而是边境的安危、蜀国的利害。所以，他虽然被罢了官，却没有丢掉对国家的责任感。他如果抱有委屈、不满之心，怨天尤人，就可能置边境安危于不顾，迅速离开任所。然而，正是这种责任感，使他在离任前仍能忠于职守，这种精神确实难能可贵。

蜀汉灭亡

景耀六年（263年），魏国将领钟会在关中地区练兵，蜀国的姜维便向朝廷发出警告，并请求加强阳安关的守备。但是，由于蜀国的宦官黄皓迷信鬼神，在求神问卜之后禀告后主刘禅，说魏国不会入侵，所以就将姜维的奏章压了下来，以致群臣都被蒙在鼓里。

后来，魏国派遣邓艾、钟会、诸葛绪兵分三路进攻蜀汉，一路势如破竹，并很快攻克了阳安关，直捣剑阁。最后，双方在剑阁僵持不下。由于补给线太长，钟会有意退兵，但邓艾主张冒险一搏。

随后，邓艾从阴平绕过剑阁奇袭，破了绵竹，蜀将诸葛瞻、诸葛尚、黄崇、张遵、李球等皆战死，魏军兵临成都，最后后主刘禅决定投降。

姜维听说邓艾攻破绵竹关后，又听到许多关于后主刘禅的传言，有的说刘禅死守成都，有的说刘禅向南中逃亡，还有的说刘禅向东投靠了东吴，因此舍弃剑阁前往成都方向。不久，姜维接到了刘禅投降的命令，蜀军非常愤怒，纷纷拔刀砍石来发泄。

于是，姜维便假意向钟会投降，并获取其信任，然后挑拨他与邓艾之间的关系，怂恿其叛变，意图趁乱复兴蜀汉。然而，魏军最后并没有响应

钟会的叛乱，蜀地的魏军却发生了兵变，钟会、姜维和一些蜀汉的遗臣都在乱军中被杀了。

□文苑拾萃

《华阳国志》

《华阳国志》又被称为《华阳国记》，是一部专门记述古代中国西南地区地方历史、地理、人物等的地方志著作。由东晋时期的常璩撰写于晋穆帝永和四年至永和十年（348—354）。

《华阳国志》全书共12卷，约11万字，记录了从远古到东晋永和三年的巴蜀史事，也记录了这些地方的出产和历史人物等。

高允秉直敢担当

高允（390—487），字伯恭。渤海郡蓨县（今河北景县东）人。少年丧父，后出家为僧，法名"法净"。不久还俗求学，常负笈千里。高允好文学，熟《春秋公羊》，初为郡功曹，后为中书博士，迁侍郎。随乐平王拓跋丕平定凉州叛乱，虽居宦显要，家中一贫如洗，住草屋、吃盐菜，儿子以采樵自给。神䴥二年（429年），奉诏与崔浩、晁继、黄辅等同撰国史，纂成《国书》30卷。太延五年（439年），崔浩因修"国史"不避忌讳，又把国史铭刻于石碑上，树在道路的两旁，费银三百万，高允曾预言："闵湛所营，分寸之间，恐为崔门万事之祸。吾徒无类矣。"崔浩果被夷九族。由于太子营救，高允未受株连。文成帝时，位至中书令。卒年98岁。著有《左氏解》《公羊释》等。明人辑有《高令公集》。

高允是北魏太武帝时期的一位大臣，奉命协助另一位大臣崔浩编写史书《国记》，同时担任景穆太子的老师。

451年6月的一天，景穆太子慌慌张张地骑着马到高允家，说："不好了，父皇把崔浩抓起来了！"

高允问："怎么回事？"

太子说："崔浩不听先生劝阻，将《国记》刻在石碑上，竖在都城大街两边，泄露了国家机密。此事怕要牵连先生，怎么办呢？"

高允叹了一口气说："崔浩一意孤行，我早就料到会有这么一天！谢谢太子的关照，我一向主张答诏宜实，如果皇上问起我，我会照实回答的。"正说着，传来圣旨，召高允进宫。

太子一路陪伴高允来到宫门口，对高允说："如果父皇问起，你就别言语，我来答话！"

见到太武帝时，景穆太子抢先说："父皇，高允是儿臣的先生，办事一向小心谨慎。《国记》摆到大街上，是崔浩想向国人示范：写史要用直笔。高允先生反对摆到大街上，我是知道的，请父皇赦免先生！"

太武帝"哼"了一声，问高允："《国记》都是崔浩撰写的吗？"

高允回答说："是臣下和崔浩共同撰写的，而且臣下执笔的部分比崔浩还多。"

太武帝大怒："这么说来，你的罪过比崔浩还大，不可饶恕！"

景穆太子一听，赶忙说："父皇息怒！先生慌里慌张答错了话，刚才儿臣问了他，他说是崔浩一个人写的！"

高允听太子在为自己开脱，立即下跪说："臣下的罪过的确比崔浩大。太子殿下由于臣下侍候读书久了，想救臣下一命，其实并没有和我说过那些话。至于把《国记》摆到大街上，我的确是反对的。"

太武帝看了景穆太子一眼，说："难得你有此一片苦心。"他又回头对高允说："你能一事当前，敢于对寡人说老实话、办老实事，是诚实无欺的态度，还算是忠贞的大臣。现在，由你替我起草一道诏令：将崔浩家族128人一律处死！"

这时，高允忙说："崔浩为本朝立过大功，这次他泄露了国家机密和祖先的隐私，的确是很大的罪过。但他秉笔直书，写的也是历史事实，不应当处死，请陛下宽恕他！"

太武帝大怒，说："你不替我起草诏令，还为崔浩说什么好话？来人，将高允拿下！"

高允被关押了起来，景穆太子说："父皇啊！您因先生诚实无欺而赦免了他，怎么又由于先生继续表现出诚实无欺的态度而扣押他呢？"

太武帝沉思了一会儿，认为太子说得有道理，于是最后决定：惩办崔浩，赦免高允，让他继续当太子的老师。

■ 故事感悟

做人做事就要坚守律则。高允不畏权势，敢于在生死关头讲真话，表现出了正人君子的气节和正义之心。

■ 史海撷英

北魏太武帝重道教

北魏时期，为了统一北方地区，巩固在中原的地位，便以全民为兵。由于沙门历来是可以免除租税、徭役的，因此太武帝就在太延四年（438年）下诏，凡是50岁以下的沙门一律还俗服兵役。他还听信宰相崔浩的劝谏，改信寇谦之的天师道，排斥佛教，并逐渐发展为灭佛的行动。

崔浩出身世族，博览经史，并善于阴阳五行及术数学，历仕道武帝、明元帝、太武帝三帝，官至司徒，经常参与军政机要，故而深得太武帝的信任。在结识了寇谦之之后，崔浩便信奉道教，接受寇谦之的法术。

寇谦之早年就热衷仙道，曾修持汉末张陵、张衡、张鲁所创立传承的

五斗米道，随方士入华山、嵩山学道修炼。明元帝末年，寇谦之从嵩山进入平城，结交了崔浩，两人经常通宵达旦地谈论古代治乱史。后来，寇谦之就把儒家学说和佛教经律论及斋戒祭祀仪式吸收到道教中来，重新改造五斗米道，期使北魏帝王容易接纳。

太武帝始光初年，寇谦之为太武帝献上道书，但当时朝野信奉的人很少，崔浩便上书劝谏太武帝，使太武帝开始信奉道教，并派人奉玉帛牲畜去祭嵩山。

后来，太武帝又在平城的东南面建立天师道场，自称太平真君，并亲受符箓，兴建静轮天宫，奉祀太平真君，改年号为太平真君，成了一个十足的道教徒。

■文苑拾萃

母死子贵制度

北魏时期，宫廷内部为了避免外戚干政，便实施残酷的母死子贵制度，即后宫女性生下的男孩，如果被立为储君，其母就要被赐死，以免日后母以子贵的情况发生。

但是，幼子还是需要人照顾的，因而就有了所谓的保太后，即当保姆照顾太子新君继位后被封为太后。

北魏时期，一共有三种皇太后，一种是皇帝的生母，另一种是皇帝的保姆，还有一种是前任皇帝时运气好没生儿子而活下来的皇后。

董宣做事不推诿

董宣（生卒年不详），字少平。陈留圉（今河南杞县南）人。东汉初任北海相、江夏太守、洛阳令等职。在职不畏强暴，惩治豪族。

董宣是东汉光武帝时期的大臣，一生诚实正直。

有一次，光武帝派董宣出任北海王的丞相，他刚到任就有一个老婆婆哭哭啼啼地来告状，说："五官掾公孙丹无缘无故杀了我儿子，请大人给我做主！"

董宣一听是人命大案，就立刻派下属水丘岑调查案情。原来，公孙丹家盖房子，巫婆说："必须用一个人的尸体填奠地基，新房才能避邪。"于是发生了这个案件，凶手是公孙丹父子。

董宣大怒，立即下令处死了公孙丹父子。

一天，水丘岑来报称：公孙丹家的人不服上告。董宣问："这家人怎么样？"

水丘岑说："公孙家族过去依附过王莽，还内通海贼，现在经常仗势欺压百姓，扰乱治安。"

董宣说："把他们都收押看管起来，按律治罪。"

但是水丘岑在办案过程中处刑偏重，此案共处死了30多人。

这事闹大了，朝廷把董宣以及水丘岑等一批办案人员都召到洛阳京都讯问，并判决董宣等人量刑不当，处以死刑。

董宣冷静地面对这一判决，在狱中等待着行刑的时刻。但是，董宣在大臣当中一向有不错的名声，因此有些官员便备办好酒好食前来与他诀别。董宣见了，生气地说："退回去！我董宣生平从不吃人家的酒席，何况是在这样的时刻！"

后来，光武帝亲自过问董宣的案情。董宣说："罪臣认为，汉家江山刚刚度过王莽篡夺政权的那场大动乱，要维护社会的安定，必须狠狠打击豪强大姓的胡作非为。公孙丹仗势杀人奠宅基，死有余辜。后来灭了他的族人，量刑不当，罪臣赴死，罪有应得。"

光武帝一想：是啊，刚刚结束的那一场大动乱，不就是由于豪强大姓鱼肉百姓所致吗？难得董宣这么忠诚，应该留下来继续帮助我治理天下。况且，杀灭公孙家的族人并非董宣的本意啊！于是，光武帝说："赦免董宣的死罪。水丘岑等直接办案的人员，因量刑不当，依原判执行。"

董宣一听，连连磕头说："深谢陛下的恩典。但是，行政长官一事当前，要严律己过，切不可将责任推诿给下属。水丘岑是受罪臣指派办案的，他量刑过重，杀人过多，罪臣不能诿罪于他，请杀罪臣，赦免水丘岑等属吏。"

董宣襟怀坦白、不诿己过的态度，使光武帝大为感动，于是最后决定：公孙丹父子死有余辜；水丘岑等量刑不当，事出有因，一律赦免；董宣一片忠诚之心，继续任用。

故事感悟

董宣这种敢作敢为、不推卸责任的品质值得后人学习。董宣在性命攸关的关键时刻，不推诿责任，不畏强权，充分体现了一代名臣的崇高气节。

光武帝偃武修文，励精图治

光武帝刘秀统一天下时，天下人口已是"十有二存"了。为使饱经战乱的中原之地尽快得到恢复和发展，刘秀"知天下疲耗，思乐息肩。自陇、蜀平后，非徼急，未尝复言军旅"。

为此，刘秀连续下达了六道释放奴婢的命令，使得自西汉末年以来大量失去土地的农民沦为奴婢的问题得到了极大的改善，也使战乱之后大量土地荒芜而人口又不足的问题得到了及时的解决。

同时，刘秀还大力裁撤官吏，合并郡县，下诏："并省四百余县，吏职减损，十置其一。"这样一来，又极大地减轻了百姓的负担。

到光武帝刘秀统治的末期，中原人口数量已经达到了2000多万，增长了一倍多，经济也得到了极大的发展。

建武三十二年（56年）二月，刘秀率文武百官数千人前往泰山，举行了声势浩大的封禅大典。归来之后，刘秀下令改次年为中元元年，以示功德圆满。

泰山封禅后的第二年，即中元二年，刘秀驾崩于洛阳南宫前殿。去世前，刘秀自称无益于百姓，诏令薄葬。

箜篌谣

（唐）李白

攀天莫登龙，走山莫骑虎。

贵贱结交心不移，唯有严陵及光武。

周公称大圣，管蔡宁相容。

汉谣一斗粟，不与淮南春。

兄弟尚路人，吾心安所从？

他人方寸间，山海几千重。

轻言托朋友，对面九疑峰。

开花必早落，桃李不如松。

管鲍久已死，何人继其踪。

曾巩为官恪守"官箴"

曾巩（1019—1083），字子固，世称"南丰先生"。建昌南丰（今属江西）人，后居临川（今江西抚州市西）。北宋政治家、文学家、散文家，"唐宋八大家"之一。在学术思想和文学事业上贡献卓越。

北宋年间，有一天上午，福州州衙门前人头攒动，大家都挤在一张告示前观看。

不出半天，这张告示的内容就在福州城内传开了：州里新来了一位知州，要重新任命一批佛寺的寺主。

但是，告示上又说，这次任命采用新方法：让各寺的僧徒自己讨论推举寺主，凡是被推选出来的人的名单都记录造册，然后按照名单的排列次序，补为寺主。

告示上还专门提到：任命寺主在即，为了清除陈规陋习，肃清官风，新任知州拒绝馈赠礼物，任何人不准送礼说情。

一时间，街头巷尾，议论纷纷。有人赞许，说这样才有利于教化；有人将信将疑地摇着头说：天下无官不贪，这恐怕是官样文章。总之，

城里老百姓的话题都离不开这张新贴出的告示和这位新来的知州。

这位知州就是曾巩。

北宋时，福州一带佛寺相当多，寺庙有大有小，都由寺主掌管。佛寺的寺主在当地享有一些政治上和经济上的特权，平素很受人尊重，有一定的社会地位。因此，许多苦熬了十几年、几十年的僧人都特别觊觎寺主这个职位。

按照惯例，寺主由地方官直接任命。每当到了选寺主的时候，总有些僧人想尽办法去官府钻营活动，贿赂送礼，巴结知州，用这种途径获取寺主的职务。有些官吏也趁此机会收贿受贿，大发横财，中饱私囊。

曾巩刚刚上任，恰巧是寺主换届的时候，于是，不断有僧人暗地里给他送礼，想要巴结他。曾巩历来是个清廉守志的官，平生最忌恨这种行贿钻营的小人。他想，要杜绝这种现象，就要彻底改变寺主产生的办法，因此想出了让僧侣自己讨论推举寺主的主意。当他把自己的想法与幕僚们一说，大家都认为这是个好办法。

不久，各寺的寺主都按新的办法顺利地产生了。以往新寺主上任，都要到州府衙门去进行礼节性的拜见，顺便带上许多表示感谢的礼物送给州官。这次，虽然告示上写明州官不接受礼物，但有些新上任的寺主想，现在寺主已经选定，我们按成例，送点本寺土产，表一点心意，该不算行贿吧？于是，就让小沙弥挑着本寺寺田的土货，跟随在后面来拜见知州。

拜访州官的那一天，寺主接二连三地来到州衙，各寺送来的礼物，大大小小，多多少少，摆满了整个院子。

曾巩在堂上让各位寺主就座。看着堂下堆积如山的礼物，他眉头紧锁，一言不发，心里却十分恼火。

寺主们一看四周的衙役无人承接礼物，知州的脸色也不好，便争相向曾巩说明用意，解释缘由。你一言，我一语，害怕知州大人一气之下，免了他们寺主的职位。

曾巩耐心地听着寺主的陈述，心里明白了几分：新寺主上任就送礼，是遵守老规矩，怕的是得罪州官，发火也无济于事。他挥了挥手，示意大家安静，不要再解释了。

曾巩站起身来，诚恳地说："我是朝廷任命的一州之长，也是一州百姓的父母官，说话是算数的。大家送礼来是出于好意，好意我接受了，但这些礼物请各自拿回去吧。如果不拿回去，岂不是让我自食其言吗？"

曾巩的一席话，说得大家心悦诚服，各寺挑来的礼物又都原封不动地挑了回去。

这件事很快就在福州传开了，百姓们交口称赞曾巩的清廉作风。曾巩的作风，对他左右的官员也产生了很大影响。大小官吏都效法他秉公办事，不收贿赂不收礼，一些有劣迹的官吏也收敛起来。

曾巩一生出任过许多州郡的长官。他不仅恪尽职责、廉洁守志，而且从政有方。他每天都按时到州衙办事，及时处理公文案牍，从不积压；审理刑案，秉公执法。他对自己要求严格，从不懈怠，身边的属官自然也就认真办事，不敢马虎。

曾巩还为州府官员们订立了工作制度，按照每个人的专长和才能具体分工，明确各人的责任，每过一段时间就督促检查，称职的奖赏，失职的处罚。这样，州府的行政效率很高。下属的各县衙门知道这种情况后，也仿效起来。因此，曾巩的政声很好。

曾巩主张为政宽简，每到一个新的地方，他总要先做一番体察民情、了解下层的工作，确定工作方针和急需解决的最重要事项。要解决的大事明确之后，他就集中精力，一件一件去操办，直到办妥为止。至

于州府衙门中的其他琐碎事情，他是能省就省、能简便简，从来都不在上面花费太多工夫。

为此，有的人曾问曾巩："我们常见你早晚办公并不费什么时间，好像无所用心一样，怎么你竟能很快就把一个州治理好呢？"

曾巩回答说："终日忙于事务，既疲劳又不出成效；而集中精力去做好几件实在的事情，情况就大不相同了。我采取的是后一种办法。"

就拿他减省公文表报的事来说吧。当时，州县官吏常因公文表报的繁多而苦恼，老百姓也常因官吏的追呼催迫而怨恨。曾巩担任州官时，针对这种弊病实行了一套别开生面的管理办法。

那时，州府中常有任务下达到县里。每逢下达任务之前，曾巩先召集属官们仔细商议一番，根据事情的轻重缓急和各县的具体情况明确规定期限，而后布置下去，让下面的县官们完成。不到期限，他绝不下文件督促。但是，如果到期限还不汇报完成任务的情况，他就要给以适当的处分了。有时，规定的期限与下达的任务不相当，到期难以完成，他便认真听取县官们的申述，另外规定合适的期限。

起初，县里的官吏们不怎么听他这一套，他们依旧按老皇历办事。有了任务，刚开始推诿、拖拉，到后来竟拼命地逼迫老百姓。对此，曾巩采取了一定的制裁办法，小则处罚具体办事人员，大则追究县官，而且说到做到，铁面无私，十分严格。于是，下面的人再也不敢怠慢、拖拉，有事都会提前筹办。这样一来，不仅省去了繁多的公文表报，而且对老百姓的骚扰也少得多了。

■故事感悟

在封建社会的官场上，充斥着混日子、熬资历的庸官，以及压榨百姓、搜刮民脂民膏的贪官和吹牛拍马、陷害忠良的恶官。曾巩做官，恪守"官箴"，有强烈的责任感，并且善于管理，所以获得了很好的政声。

■史海撷英

曾巩病逝

元丰三年（1080年），曾巩任沧州（今河北）知州。在途经京城开封时，宋神宗召见他。宋神宗对曾巩提出的"节约为理财之要"的建议大为赞赏，留任他为三班院勾判。

元丰四年（1081年），朝廷认为"曾巩史学见称士类，宜典五朝史事"，又任其为史官修撰，管勾编修院，判太常寺兼礼仪事。元丰五年（1082年），拜中书舍人。同年九月，遭母丧，辞官回乡。次年，曾巩病逝于江宁府（今南京）。后葬于南丰源头崇觉寺右。南宋理宗时追谥为"文定"，人称"南丰先生"。

■文苑拾萃

冬　望

（宋）曾巩

霜余荆吴倚天山，铁色万仞光铤开。
麻姑最秀插东极，一峰挺立高巋巋。
我生智出豪俊下，远迹久此安蒿莱。
譬如骅骝踏天路，六辔岂议收驽骀。
巅崖初冬未冰雪，藓花入屦思莫裁。
长松夹树盖十里，苍颜毅气不可回。
浮云柳絮谁汝碍，欲往自尼诚愚哉。

南窗圣贤有遗文，满简字字倾琪瑰。
旁搜远探得户牖，入见奥阼何雄魁。
日令我意失枯槁，水之灌养源源来。
千年大说没荒冗，义路寸土谁能培。
嗟予计真不自料，欲挽白日之西颓。
尝闻古者禹称智，过门不暇慈其孩。
况今尫人冒壮任，力蹶岂更余纤埃。
龙潭瀑布入胸臆，叹息但谢宗与雷。
著书岂即遽有补，天下自古无能才。

郦道元呕心著《水经注》

郦道元（约470—527），字善长。北魏范阳郡涿县（今河北省涿州市）人。北魏平东将军、青州刺史、永宁侯郦范之子。我国著名地理学家、文学家。

郦道元的祖父曾担任天水太守。父亲郦范，在北魏时任平东将军、青州刺史。郦道元从小跟随父亲转徙各地，父亲刚正不阿、办事认真的作风对他影响很大，使他也成长为一个正直无私的人。

父亲死后，朝廷让他继承父亲的爵位，又任命他为御史中尉，负责纠察失职、枉法的官吏。郦道元执法严厉，不徇私情，得罪了许多达官贵人、皇亲国戚，朝廷便把他派到地方上做官。他依然"威猛为政"，盗贼都不敢在他管辖的范围内活动而逃往外地。这便引起了其他地方官的不满，指责他是"酷吏"。

郦道元对朝廷的忠诚、办事的公正和认真，不但没有得到理解和支持，反而受到排斥。这令他自己也有些心灰意冷，不再像以前那样认真管事了。这样空闲的时间很多，他又不愿意白白浪费宝贵光阴，于是萌发了著书的念头。

郦道元从小就喜爱自然山川的风光景物，父亲每到一个地方做官，都带他游览山川名胜。少年时代，他就游遍了山东。长大之后，他更喜好游览。尤其是做官以后，他利用做官的便利条件，每到一个地方都要游览当地的名胜古迹，留心勘察山川地理形势，弄清每座山的方位、高度，每条河的源流，什么时候发生过山崩、地震、河水改道、水灾旱灾，他都一一记录下来。老百姓口头上流传的故事，他也注意收集。

由于官场险恶，郦道元不断遭到排挤，官职也不断变动，这就使郦道元勘察的足迹遍及今天的内蒙古、河南、河北、山东、山西、安徽、江苏等广大地区。所以，郦道元对于地理学有着非常丰富的感性认识。

郦道元还爱好读奇书，例如《山海经》《禹贡》《职方》《禹本记》《水经》这类书，这些书当时读书人是不读的。因为做官并不需要这方面的知识，写文章也用不上，一般人也读不懂。郦道元平时爱留心山川地理，所以也爱读这类书，常常一边读，一边作批注。

郦道元渐渐发现，古书上关于地理位置的记载有许多互相矛盾的地方，有的说得也不够具体，这更增强了他对地理学研究的兴趣。于是，他逐渐扩大自己游历的范围，并且积累了数十万字的考察资料，最后决心写出一部地理学专著。

当时，郦道元读到一部名叫《水经》的书，是三国时期一位名叫桑钦的人撰写的。这部书专门研究河流水道，共记述了全国137条主要的河流。郦道元很喜爱这部书，而且读了许多遍，因为读这部书使他有一种坐游名山大川的享受。可惜《水经》的原文只有一万余字，相当简略。经过反复考虑，他决定以这部书记述的河流作为自己著述的线索，用为古人作注的写作体裁来完成自己的地理学著作，引起人们对《水经》这部书的重视。

郦道元把多年来记录的考察资料按《水经》的结构框架分门别类，

结果发现自己收集的资料已经远远超出了《水经》记述河流水道的范围。怎么办？是舍去还是收录呢？如果舍去，写作起来很方便，也很单一，只需一年的时间就可以将注《水经》的工作完成。

郦道元认为，这样做没有多大的学术价值，既然想写出一部前无古人的著作，就不能受《水经》只记河流水道的限制。他想：把河流流经的山脉，气候、土壤、物产、城邑的沿革和居民聚落的兴衰都写进注文中，这部书供后人参考和研究的价值不是更高吗？

郦道元开始动笔写《水经注》时，已经40多岁了。他白天到官署办公，处理公文事务；晚上便在一盏青灯前伏案著述，每天都写到午夜过后才罢休。他一天天地消瘦，劲头却一天比一天充足。

就在这时，妻子从家乡来探望他，见他又黄又瘦，十分心疼，就劝他说："你也应该保重身体，要是有个三长两短，我和三个儿子依靠谁呀！"

郦道元一听，十分恼火。他生来脾气火暴，现在又在写作兴头上，就不耐烦地说："你看不顺眼，还是回老家去吧，儿子由我来养！"

妻子一气之下，留下两个儿子就走了。从那以后，郦道元就将这两个儿子带在身边，可惜最后和他一起被杀害了。

过了两年，北方水系的写作基本完成。北方的山川地理、风物人情，他都曾亲身游历，十分熟悉，写起来也很顺手。但是，有些地方他未曾去过，特别是江南的许多水系。当时南北两个政权对峙，郦道元没有办法去南方作实地考察。为了解决这个难题，他放慢了写作的速度，用心搜罗南方的地理著作，查阅古代的典籍，并且找来官府的地形图，一个水系一个水系地仔细推敲、考证研究。此外，他还亲自走访从南方来的商人、文士，询问南方的地理情况，再结合对文献的研究，认为确有把握才写进书里。

在《水经注》的写作过程中，郦道元参考的古书前后达400多种，直接引用的古书也有300余种。

在写作期间，郦道元先后由冀州调往荆州，又由荆州免职回京，后来又被任命到河南做官，所以写作中断过几次。特别是被免职闲居那一段时间里，他生活拮据，几乎无法继续《水经注》的写作。《水经注》完稿时，郦道元已经50多岁了。

郦道元的文笔特别优美，尤其是对自然风光的描写，格外引人入胜。像描写长江三峡之类的精彩章节，在《水经注》中比比皆是。因此，《水经注》又是一部独具特色的山水游记。

□故事感悟

郦道元花费10年心血撰写《水经注》，不仅成就了自然科学方面的巨著，同时也为后人留下了宝贵的文献。

郦道元是在逆境中开始著述的，他把著述当作自己的事业。尽管他最终死于官场的倾轧中，但他却没有虚度此生。

□史海撷英

郦道元的成长经历

郦道元出生于一个仕官家庭，父亲郦范曾作过青州的刺史，北魏太和十八年（494年）出任尚书郎，先后历任颍川太守、东荆州刺史、御史中尉等职，一生在政治上都比较有建树。孝昌三年任官右大使时，在阴盘驿（今陕西临潼附近）被雍州刺史萧宝寅杀害。

郦道元一生都勤于读书和著述。《魏书》卷八十九中记载说："道元好学，历览奇书。撰注《水经》四十卷，《本志》十三篇，又为《七聘》及诸文，皆行于世。"但除了《水经注》外，郦道元的其余著作都已经亡佚了。

从少年时代开始，郦道元就爱好游览。跟随父亲在青州时，郦道元曾与友人游遍山东。做官以后，他也到过许多地方。每到一个地方，郦道元都要游览当地的名胜古迹，留心勘察水流地势，探溯源头，并且在余暇时间阅读大量地理方面的著作，逐渐积累了丰富的地理学知识。

郦道元一生中对我国的自然、地理作了大量的调查、考证和研究工作，最后撰写成了地理巨著——《水经注》，为我国古代的地理科学作出了出色的贡献。

■文苑拾萃

《水经注》节选

江水又东，迳广溪峡，斯乃三峡之首也。峡中有瞿塘、黄龛二滩。其峡盖自昔禹凿以通江，郭景纯所谓巴东之峡，夏后疏凿者也。

江水又东，迳巫峡，杜宇所凿以通江水也。江水历峡东，迳新崩滩。其间首尾百六十里，谓之巫峡，盖因山为名也。

自三峡七百里中，两岸连山，略无阙处；重岩叠嶂，隐天蔽日，自非亭午夜分，不见曦月。至于夏水襄陵，沿溯阻绝，或王命急宣，有时朝发白帝，暮到江陵，其间千二百里，虽乘奔御风不以疾也。春冬之时，则素湍绿潭，回清倒影。绝巘多生怪柏，悬泉瀑布，飞漱其间。清荣峻茂，良多趣味。每至晴初霜旦，林寒涧肃，常有高猿长啸，属引凄异，空谷传响，哀转久绝。故渔者歌曰："巴东三峡巫峡长，猿鸣三声泪沾裳！"

第二篇

做人表里如一

孔子提倡勇于自责

孔丘（公元前551—前479），字仲尼。春秋时期鲁国人。我国古代伟大的思想家和教育家，儒家学派创始人，世界最著名的文化名人之一。编撰了我国第一部编年体史书《春秋》。据有关记载，孔子出生于鲁国陬邑昌平乡（今山东省曲阜市东南的南辛镇鲁源村）。孔子逝世时，享年73岁，葬于曲阜城北泗水之上，即今日孔林所在地。孔子的言行思想主要载于语录体散文集《论语》及先秦和秦汉保存下的《史记·孔子世家》中。

有一次，孔子和他的弟子子路、子贡和颜渊到海州游览。

孔子听到"隆隆"的声响，就对子路说："山的那边在打雷和下雨，为何还要赶着去？"

子路说："这不是雷雨声，而是海浪拍岸之声。"

孔子从未见过大海，想到海边去看看，于是，孔子一行人乘车到了海边的朐阳山下。

孔子和他的弟子爬上了山顶，只见水天相连，海阔无际，他们都兴奋极了。这时，孔子感到又热又渴，就让颜渊下山去舀些海水来喝。

颜渊拿了盛器正要下山，忽听得身后有人在笑，大家都觉得很奇怪。回头一看，是个渔家孩子，于是就问他笑什么。那个孩子说："海水又咸又涩，不能喝。"说完，他把盛了淡水的竹筒递给孔子。

孔子喝了水，解了渴，十分感激那个孩子，正想道谢，忽然海风吹来一阵急雨。子路一看，着急地说："糟糕，现在到哪里去躲雨呢？"

那个渔家孩子对大家说："你们都不用着急，请跟我来！"

说完，那个孩子就把孔子一行人领到一个山洞里，这是他平时藏鱼的地方。孔子站在洞口边躲雨，欣赏着雨中的海景，不由得诗兴大发，随即吟出了两句诗："风吹海水千层浪，雨打沙滩万点坑。"

孔子的三个弟子听了，都齐声赞扬孔子的诗作得好，可那孩子却持反对态度。他对孔子说："千层浪、万点坑，你有没有数过？"孔子心服口服地对孩子的反诘表示赞同。

雨停后，那个孩子又到海上打鱼去了，孔子回想起刚才发生的几件事，歉疚而又自责地对三个弟子说："我以前讲过唯上智与下愚不移，看来这并不妥当，还是应该提倡'学而知之'，'知之为知之，不知为不知'。"

■故事感悟

孔子能勇于承认自己的不足，并用行动弥补过错，其品质难能可贵。这也是他成为圣贤的必备素质啊！

■史海撷英

孔子周游列国

春秋后期，鲁定公十三年（公元前497年），孔子在自己的父母国——

鲁国负责司法的大司寇任上，与鲁国的执政季桓子严重对立。无奈之下，孔子只好带着自己的数十个弟子离开鲁国，开始周游列国，希望能说服所到国的诸侯，让他入仕，推行他的"仁政德治"的政治纲领。

■文苑拾萃

牛耕的出现

在人类历史上，牛被驯养为家畜是很早的事。最初人们养牛是为了食用，后来是为了祭祀用，再后来是用来驾车。而将牛用于耕地，在世界耕作史上是较晚的事了，中国牛耕较外国要更晚些。

有人认为，牛耕始于西汉中叶，主要根据我国古代著名农学家贾思勰《齐民要术》中的"赵过始为牛耕"说。《汉书·食货志》中记载：西汉武帝时，搜粟都尉赵过在陕、甘一带推广牛耕和"以人挽犁"，提倡"代田法"，进而各郡"遣令长、三老、力田及父老善田者受田器，学耕种养苗状"。

这确实也是我国史籍明确记载的第一次大规模推广牛耕技术，后来东汉的王景、任延等人继续在庐江郡、九真郡推广，因而《后汉书·五行志》开始有了"牛疫"的记载。这也表明，在西汉中叶以后的一段时间内，由北到南已经广泛地推广牛耕技术。江苏徐州、山东滕县、陕西绥德出土的汉代牛耕画像石，更是生动而真实的历史记录。

柳宗元为官造福一方

柳宗元（773—819），字子厚。祖籍河东（今山西省永济市），世称"柳河东"。因官职为柳州刺史，又称"柳柳州"。唐代文学家、哲学家、散文家和思想家，与韩愈共同倡导唐代古文运动，并称为"韩柳"。与刘禹锡并称为"刘柳"。与王维、孟浩然、韦应物并称为"王孟韦柳"。与唐代的韩愈、宋代的欧阳修、苏洵、苏轼、苏辙、王安石和曾巩，并称为"唐宋八大家"。

唐代宗大历八年（773年），柳宗元出生于河东解城。他从小聪明勤奋，读了很多书，13岁就能写出很好的文章，受到人们的赞扬。

21岁那年，柳宗元考取了进士。他思想敏锐，议论起事情来旁征博引，言辞锋利，说理透辟，常常胜过在座的人，一时间名声大振，许多人都愿意跟他交游。那些名公要人都争着推荐他到朝廷做官，但考中进士后的第三年，柳宗元才出来做官，担任秘书省校书郎。

26岁那年，柳宗元又考中博学鸿词科，担任集贤殿书院正字。

校书郎和书院正字都负责搜集和保管国家图书。在这期间，柳宗元也得以有机会博览群书，知识更加渊博了。

柳宗元很有抱负，表里如一。他想对腐朽黑暗的政治进行改革，因此积极参加永贞革新，成为革新派的主要成员。这时，他已升任礼部员外郎，大胆地提出了一些革新建议。

原来，唐德宗昏庸贪暴，百姓叫苦连天。贞元二十一年（805年）正月，唐德宗死了，他的儿子李诵即位，史称唐顺宗，改元永贞。

李诵当太子的时候，他的两名亲近侍从官王伾、王叔文经常给他讲一些民间疾苦，也谈到过宫廷的弊害。

李诵是个有作为的皇帝，他即位后，便要改革政治，振兴唐室。可惜，他当上皇帝不久就患中风，不能说话了，于是，他重用王伾、王叔文，让他们帮他出主意，管理国家大事。这时，朝臣中的柳宗元、刘禹锡、韦执谊、韩泰、韩晔、陈谏、凌准、程异等八人，也积极参加议政。他们对当时腐朽黑暗的局面看得很清楚，决心在政治上进行一番改革。有了皇帝的支持，他们就大刀阔斧地干了起来。革新派的许多措施对国家和百姓都很有利，史称这次改革为"永贞革新"。

不过，永贞革新损害了宦官和大官僚的利益，因此遭到他们的强烈反对。不久，以俱文珍为首的宦官集团便阴谋策划废掉唐顺宗，立太子李纯为皇帝。受到打击的地方官员韦皋等人也纷纷向朝廷上表，逼迫顺宗退位，并且大肆攻击王叔文等人，许多守旧的官僚也都站在宦官集团一边。

这年八月，唐顺宗让位给太子李纯，自己做了太上皇。李纯即位，史称唐宪宗。由于宪宗是在宦官和守旧官僚的支持下当上皇帝的，所以自然要照顾他们的利益。于是，他一即位，就把王伾、王叔文贬到外地去了。不久，王伾死于贬所，王叔文被贬后又被赐死。柳宗元、刘禹锡等八人也都被贬到边远地区做了小小的司马。这场有进步意义的政治革新，只进行了短短的146天就夭折了。

永贞革新失败后，柳宗元被贬为永州司马，在那里生活10年，精神上受到了很大的打击。

在永州，柳宗元名义上是司马，实际上只是个毫无实权、受地方官监视的罪犯。官府里没有他的住处，他只能在龙兴寺里安身。

10年后，柳宗元又被派到更远的柳州去当刺史。

柳宗元被派往柳州时，参加永贞革新的其他人也都被派到很远的地方去当刺史。刘禹锡被派往播州，播州的经济情况和交通条件比柳州更差。刘禹锡家有老母，柳宗元怕他们一家经不起折腾，很替他们担忧。于是，他决定和刘禹锡对调一下，让刘禹锡去柳州，他去播州。他还说："即使因此重新获罪，也死而无憾。"

正当柳宗元准备写表向朝廷申请时，御史中丞裴度向唐宪宗奏明了刘禹锡的困难。唐宪宗同意刘禹锡不去播州，改为到连州当刺史。柳宗元听到这个消息，才放心地到柳州去了。

柳宗元被贬到永州和柳州时，南方许多读书人因仰慕他的名声和学问，纷纷跑到他那儿向他拜师学习。柳宗元对那些好学上进的青年总是热情接待、谆谆教诲、细心指导，但对那些华而不实、投机取巧的人，却毫不迁就和姑息。

有个叫杜温夫的青年，从荆州赶到柳州来拜见柳宗元，还准备到连州去见刘禹锡，到潮州去见韩愈，希望这些名人替他做宣传，为他考取进士和日后入朝做官铺路。但他不认真学习，没什么真本事，写的文章连疑问词和感叹词都分不清。他给柳宗元写信时，把柳宗元比做周公和孔子。

柳宗元看了杜温夫这种胡乱吹捧的信，知道他急功近利，不择手段，因而十分厌恶，在复信中严厉地批评了他。

柳宗元说："比人必须恰当。你把我比做周公、孔子，我哪里敢当？

这不能不叫我感到奇怪！我想，你去连州和潮州时，一定又要把刘、韩二公也比做周公、孔子；将来到了京城，京城里的名人数以千计，你当然又会把他们都比做周公、孔子。天下哪有这么多的周公、孔子呀？"

柳宗元告诫杜温夫说："做人应当踏踏实实地学习，充实自己的学问，不要做这些哗众取宠的事。"

柳宗元批评了杜温夫的缺点，又给他指出了改正的办法，这才是真正爱护和帮助青年的表现。

柳宗元爱护百姓，同情受苦的人。在担任柳州刺史期间，他帮助许多穷苦百姓赎回了卖身为奴婢的子女，并且革除了这种恶俗。

在长期的贬谪生活中，柳宗元有机会接触到下层社会，因而也进一步了解了民间疾苦。他还写了不少文章，揭露当时残害人民的苛政和社会的黑暗现象。

永州地方有一种毒蛇，人被它咬了后很快就会死去，但把它晾干制成药，却可以医治许多绝症。于是皇帝下诏说："谁要是捕捉到永州毒蛇上交，就可以免除赋税。"于是，永州便常常有人捕捉这种毒蛇。有个姓蒋的农民，祖孙三代都因捕捉毒蛇而不用上交赋税，可是他的祖父和父亲都因为捕蛇而死了。他自己捕了12年蛇，好几次也差点被毒蛇咬到。柳宗元问他说："你为什么干这种危险的事啊？难道不怕死吗？"他回答说："那些不捕蛇的乡亲，因为交不起赋税被逼死得更多。我捕蛇每年只冒两次生命危险，而那些乡亲们却天天遭到死亡的威胁。因此，我宁愿一辈子捕捉毒蛇。"

柳宗元据此写了一篇《捕蛇者说》。在文章中，柳宗元感叹地说："孔子说，苛政比老虎还要凶猛，哪知赋税比毒蛇还要厉害啊！"

柳宗元在柳州刺史任上做了许多好事：释放奴隶，兴办学校，修整道路，鼓励垦荒。

柳宗元在柳州度过了4年多的时间。在长期的贬谪生活中，他心情忧郁，工作勤苦，使得身体也越来越坏。元和十四年（819年），柳宗元在柳州死去。当地人为了纪念他，特地为他建了一座柳侯祠。

柳宗元死后，韩愈为他写了一篇感情真挚的墓志铭，对他的品德、学问和文章都作了很高的评价。

柳宗元一生写了很多有意义的寓言、传记、书信和墓志铭。他的山水游记写得特别好，最有名的是《永州八记》。他不仅用优美流畅的文字描写了清奇秀丽的大自然，还把自己的遭遇和悲愤感情寄托在山水之中，成为山水散文的杰作。

柳宗元一生写了400多篇文章和大量诗歌。他的好友刘禹锡遵照他生前的嘱托，把他的著作编为《柳河东集》。柳宗元的散文也极为有名，被列为"唐宋散文八大家"之一。

人们都说柳宗元是个表里如一的人，他的改革理想虽然未能在全国范围内得以实现，但经过锲而不舍的努力，仍然在他职权范围内极大限度地实现了。

故事感悟

君子"穷则独善其身，达则兼济天下"，柳宗元为官造福一方，为人不愧于心，对待朋友更能仗义相助，不愧为后人景仰的一代文豪。

史海撷英

柳宗元在永州

贞元十七年（801年），柳宗元被任为蓝田尉，两年后又调回京城任监察御史里行，与韩愈同官。

柳宗元的官阶虽然低，但他的职权却不下于御史，因此与官场的上层人物交游更为广泛，对政治的黑暗腐败也有了更深入的了解，于是逐渐萌发了要求改革的愿望，成为王叔文革新派的重要人物。

王叔文等人领导的永贞革新虽然只历经半年就失败了，但却是一次震动全国的进步运动，所实行的措施也打击了当时专横跋扈的宦官和藩镇割据势力。柳宗元与好友刘禹锡是这一革新的核心人物，柳宗元在政治舞台上也同宦官、豪族、旧官僚等进行了尖锐的斗争。

宋宪宗即位后，柳宗元便被贬为邵州（今湖南邵阳市）刺史。刚走到半路，又被加贬为永州（今湖南永州市）司马。

永州地区地处湖南和广东、广西交界处，当时非常荒僻，是个人烟稀少的地方。与柳宗元同去永州的，还有67岁的老母亲、堂弟柳宗直、表弟卢遵等。由于在永州的生活十分艰苦，所以到永州不到半年，柳宗元的母亲卢氏便去世了。

柳宗元在永州待了10年，这也是柳宗元人生的一大转折。在京城时，他直接从事革新活动；到永州后，他的斗争则转到了思想文化领域。在永州的10年，也是柳宗元继续坚持斗争的10年。他广泛地研究古往今来关于哲学、政治、历史、文学等方面的一些重大问题，撰文著书，《封建论》《非〈国语〉》《天对》《六逆论》等著名作品大多都是在永州完成的。

文苑拾萃

初秋夜坐赠吴武陵

（唐）柳宗元

稍稍雨侵竹，翻翻鹊惊丛。
美人隔湘浦，一夕生秋风。

积雾杳难极，沧波浩无穷。
相思岂云远，即席莫与同。
若人抱奇音，朱弦缅枯桐。
清商激西颢，泛滟凌长空。
自得本无作，天成谅非功。
希声闷大朴，聋俗何由聪。

江一真抵制浮夸风

江一真（1915—1994），福建省连城县庙前乡塘背村人。1927年参加长汀反帝大同盟，1929年参加农民暴动，翌年3月加入共青团，7月转入中国共产党。1979年4月任中共河北省委第二书记、省人大常委会主任。在职期间，他大胆拨乱反正，平反冤假错案，积极推进农村改革，得到了党中央的充分肯定。1982年6月退居二线，9月被选为中共中央顾问委员会委员。1994年3月在北京逝世。

1958年，江一真任福建省省长。有一天，他召集全省的县长研究农业生产。在开会前，秘书向他汇报了一条重要新闻：北方一个省的农民创造了人间奇迹，小麦亩产高达3000斤。

这可真是一条惊人的消息，因为小麦历来都是低产作物，能达到亩产400斤已经是丰收了；现在居然有了亩产3000斤的纪录，远远超过了南方水稻亩产800斤的水平。不知北方的农民用什么科学方法，创造出这么可喜的成绩，真该组织本省的县长们去参观参观，把人家的好经验学过来！

不久，秘书又送来了一份报纸，上面报道，某省农业大丰收，亩产

粮食10000斤。

这又是一条令人震惊的消息！因为一亩地只有60平方丈，亩产10000斤粮食，那需要往地里播多少种？施多少肥？灌多少水？福建平原地区土地肥沃，稻米一年可以两熟，然而顶多只可以收获2000斤，号称"吨粮田"。亩产3000斤的消息已经十分惊人，怎么报纸又报道了亩产万斤粮呢？

江一真主持县长开会的时候，秘书又送来一张最新的报纸：某省粮食亩产40000斤。

江一真这时不再惊奇而是愤怒了：怎么我们的报纸上接二连三地登载这种荒唐的数字！那几个省的领导人怎么能让这样的数字登上报纸呢？怎么可以这么吹牛呢？亩产40000斤粮，如果按7%交农业税，那么每亩就得交税2800斤，真的能有这么多粮食上缴国库吗？

于是，开会时，江一真就让各县的县长首先谈一谈本县的农业生产情况，并指名让闽南农业最发达的一个县先汇报当年的产量。

那位县长举着报纸说："显然，有的省上报农业产量时，可能在真实的产量后面加了一个零。例如，把1000斤报成10000斤；或者加了两个零，例如，把400斤报成40000斤。我想保守一点，在我们的真实产量后面，加上一个零。"

"不行！"江一真斩钉截铁地说，"要如实汇报，亩产多少就报多少，讲实话的人吃不了亏！"

"那样的话，我们省在全国的排名中可就要落后了！"

"我再强调一遍，"江一真大声说："亩产多少就报多少，讲实话的人吃不了亏！"

江一真面对浮夸之风能保持实事求是、诚实无欺，体现了一个共产党人敢说实话、一心为公的优良传统。

■史海撷英

中国共产党中央顾问委员会

中国共产党中央顾问委员会，简称中顾委，成立于1982年的中共十二大期间。

当时，中央顾问委员会是作为解决中国共产党中央领导机构新老交替的一种组织形式，目的是使中国共产党中央委员会年轻化，同时让一些老同志在退出第一线之后能够继续发挥一定的作用，"是中央委员会政治上的助手和参谋"。

顾问委员会是一种过渡性质的组织形式，因此在1992年的中共十四大完成历史使命后就被撤销了。

谭其骧治学严谨

谭其骧（1911—1992），字季龙，笔名禾子。浙江嘉善人。1930年毕业于暨南大学历史系，1932年毕业于燕京大学研究生院。1950年起在复旦大学任教，建立了中国历史地理研究室，后升级为研究所，历任历史系主任、历史地理研究所主任，校务委员会委员。当选为第三、四、五届全国人大代表，上海市第八届政协委员。1980年当选为中国科学院地学部委员，长期从事中国历史地理、中国史研究和中国历史地图的绘编等工作。

上海复旦大学教授谭其骧是当代著名学者，也是中国历史地理学的主要奠基人之一。20世纪50年代末，毛泽东主席亲自委托他主编一部《中国历史地图集》。这是一项巨大的学术工程。为了完成这项工程，复旦大学设立了"中国历史地理研究所"。1963年，10名还未毕业的大学生被派入编辑组，参加这项工作。面对这些朝气蓬勃的大学生，谭教授认真地说："欢迎大家参与我们的事业，我们最基本的原则是实事求是，一切遵照历史事实！"

有一天，谭教授在检查新绘的草图时，发现一张图上有明显的错误。他对绘制这张图的青年学生说："这张图将当时的国界线绘错了，请改正过来。"

过了几天，谭教授发现这位学生绘错的草图原封未动，就问："这是一张明朝的草图，而不是当代中国地图，你怎么把国界线画得跟现在一样呢？"

接着，谭教授指着墙上的大地图说："明代中原王朝的行政区域在东北地区，达到了黑龙江的出海口，那里是奴儿干都司的管辖地，可是华北和西北呢？明代重修了万里长城，派了重兵驻守长城，而长城以外，在明代后期就是蒙古族控制的地区了。我们绘图必须尊重这个历史事实。"

这位学生听完后说："先生，这会不会犯卖国主义的错误？"

谭教授感到这个问题问得很奇怪，就问他说："怎么会犯卖国主义错误呢？"

这位学生说："先生，如果强调这对中原王朝的实际控制线在长城以内，那么，会不会损害我国领土和主权的完整？况且，有些外国人也在叫嚷：万里长城就是中国的边境。"

谭教授耐心地说："历史是一个不断发展、变化的过程，你所说的那个外国，那时才开始在东欧兴起。"

接着，谭教授举起教鞭，在墙上那幅大图跟前站定，说："清朝鼎盛时期，中国领土约1300万平方千米，包括了长城内外。但是中国近代受到侵略，统治者丧权辱国，直到1946年，中国领土损失了300多万平方千米，还有960万平方千米，当然也包括了长城内外。至于明朝取代元朝后，领土的疆域不与今天的国境线重合，这是我们必须尊重的历史事实！总之，中原王朝的疆域，历代都是在发展变化的。"

这位学生还是不服气，接着说："先生，有关部门的人说：'历史地

图中凡涉及边界画法处，当然得听有关领导机构的意见，学者不应自作主张。'还说：'历代中原王朝边界只能画在现在的国界之外，至少与今天的国界相同，不允许以任何理由画在今天的国界之内。凡违反此原则者，即犯卖国主义错误。'您看呢？"

谭教授说："这种说法是最令人痛心的！"他说："我反对将学术上的分歧上升为政治分歧。至于我本人，我可以明确告诉你们：图可以不出，主编可以不当，历史事实不能随便更改。这就是我主持编著这部《中国历史地图集》所坚持的态度！"

■故事感悟

谭其骧以严谨诚实的态度主持编写了一部科学、真实、准确的《中国历史地图集》。他这种治学严谨、做事诚实的工作态度值得赞誉。

■史海撷英

谭其骧的求学时期

1926年，刚刚16岁的谭其骧就已在上海大学和暨南大学读书了。毕业后，他又考入北平燕京大学研究生院，成为顾颉刚先生的研究生。

顾颉刚先生严谨的治学态度和虚怀若谷的精神，给谭其骧树立了做人和为学的榜样。更重要的是，从这个时候起，他就对历史地理学产生了浓厚的兴趣，这也为他以后从事研究工作打下了良好的基础。

沙飞不弄虚作假

沙飞（1912—1950），原名司徒传。广东开平人。中国新闻摄影的先驱者。15岁参加北伐战争。1936年考入上海美术专科学校西画系。1936年10月，拍摄发表了鲁迅最后的留影、鲁迅遗容及其葬礼的摄影作品，引起广泛轰动。1936年12月和1937年6月，分别在广州和桂林举办个人影展。抗战爆发后，担任全民通讯社摄影记者，并赴八路军一一五师采访刚刚结束的"平型关大捷"。1937年10月参加八路军，先后担任晋察冀军区新闻摄影科科长、《晋察冀画报》社主任、《华北画报》社主任等职。

沙飞是我国著名摄影艺术家。1937年抗日战争爆发后，他奔赴华北参加八路军，担任晋察冀军区司令部摄影记者兼《抗敌报》社副主任。从此，他成了人民军队的第一个专职新闻摄影记者。哪里有战斗，他就奔到哪里去采摄新闻照片，或者在报纸上发表，或者举办巡回展览会。抗战军民从沙飞摄影中看到自己的战斗形象，都受到了极大的鼓舞。

有一次，一场战斗打响了。沙飞闻讯，立刻带领一名年轻的记者赶赴前线。不料当他们赶到的时候，战斗已经结束了。沙飞一面为战斗胜

利感到喜悦，一面又为没能将战斗场面拍摄下来感到惋惜。

这时，年轻的记者说："沙主任，我去想想办法。"说着，他就走了。

过了一会儿，青年记者回来，把沙飞带到一处战壕，那里蹲着几名战士。青年记者说："沙主任，我上学时在学校演过戏，当过小导演。您看现在需要什么场面，我请来这几位战士照我们的口令重演战斗动作，不就可以补拍下来了吗？"

沙飞皱了皱眉头，然后平静地对战士们说："同志们，你们辛苦了，我给大家照一张集体相作纪念吧！"

当战士们照完相高高兴兴散去后，青年记者茫然不解地说："沙主任，您怎么把人都解散了？"

沙飞严肃地说："我们的任务是采访战斗场面，而不是演戏；我们要拍的是新闻摄影，而不是剧照。战斗场面只能在战斗过程中抓拍，怎么可以事后布置现场补拍呢？"

青年记者满面疑惑，说："事后补拍有什么关系呢？"

沙飞拍了拍他的肩膀，说："这可是新闻摄影的一个重大原则问题哟！"沙飞一边走，一边说："新闻摄影必须忠实地反映现实，我们摄影工作者也必须坚持新闻摄影的真实性，真实就是新闻的生命。"

沙飞顿了顿，接着说："就拿刚才的事来说，如果我按你布置的现场拍了照片，不论是发表到报纸上，还是编入巡回展览的资料中，知情人就会说那是假的。这样的照片还能产生鼓舞人、教育人的力量吗？我们决不能用假现场、假新闻摄影来糊弄读者、糊弄人民！"

青年记者听了，连连点头称是，但他接着叹了口气，说："这么说来，我们这次采摄不到好照片了！"

沙飞说："不！我们虽然没有拍摄到战斗场面，但是战斗胜利了，我们去拍战利品，去拍战俘，同样也能让读者享受到胜利的喜悦！"

就这样，沙飞在抗日战争和后来的解放战争期间拍摄了数以千计反映抗日根据地和解放区各种题材的照片，将许多历史性的画面永久地保留下来，同时还带出了一支年轻的革命摄影队伍。

■故事感悟

沙飞坚持只拍摄真实场景，他的做法体现了为人的诚实正直和对工作的认真负责。也只有在自己的岗位上尽职尽责、一丝不苟，才能取得骄人的成绩！

■史海撷英

晋察冀根据地

平型关战役后，八路军第一一五师的一部2000余人，在聂荣臻的率领下展开了对敌的游击战争。

1937年11月，八路军建立了以五台山为中心的晋察冀军区，创建了第一个敌后抗日根据地。接着，日军组织两万多人进行扫荡，八路军迎头反击，歼敌2000多人，粉碎了敌人的第一次围攻，收复了晋东北12个县、冀西20个县、察东4个县。

后来遵照中央指示，于1938年1月10日在阜平召开了晋察冀边区军政民代表大会，选举了晋察冀边区临时行政委员会，作为边区政权的最高领导机构。

随着游击战争的进行，晋察冀边区进一步扩大，西起同蒲路，东至津浦路，北起张家口、多伦、宁城、锦州一线，南至正太、德石路，包括山西、河北、察哈尔、热河、辽宁等五省之各一部，面积40万平方千米，人口2500万，县治108个，成为华北敌后最大的抗日根据地。

由于地处华北敌人的心脏地带，晋察冀边区的战略地位十分重要。在8年的抗日战争中，根据地军民与日伪军作战3.2万次，毙伤日伪军35万余人。

第三篇
做事力求认真

孔子严谨治学

孔丘（公元前551—前479），字仲尼。春秋时期鲁国人。我国古代伟大的思想家和教育家，儒家学派创始人，世界最著名的文化名人之一。编撰了我国第一部编年体史书《春秋》。

孔子多才多艺，学问渊博，但他却说自己"并非生而知之者"。孔子的学问，都是通过刻苦钻研得来的。

孔子很小的时候就失去了父亲，家境贫寒，因而未能受到良好的教育，只好通过自学来获得知识。从15岁起，他就发愤读书。因为没有老师教，在学习上碰到难题，就多方面向人请教。他问过做官的人，也问过普通人；问过白发苍苍的老人，也问过年龄不大的儿童。孔子认为："三人行，必有我师焉。"

孔子的学习兴趣很广，从不放过任何一个求知的机会，而且无论学什么，都要求个明白。成年之后，孔子就离家到各地去游历，既开阔了眼界，又增长了知识。

有一次，孔子去参加太庙（古代帝王祭祖的家庙）里的祭祀典礼。因为是第一次参加，他样样都觉得新鲜，不停地向人打听。等到祭祀完

毕，他还抓住别人的衣袖不放，非问个明白不可。别人看到他老是打破砂锅问到底，就说他是"每事问"。

孔子十分好学，他常常说："在学习的时候，我从来不会感到厌倦。"有一次，他向音乐家师襄子学弹琴，先学习一支曲子，练了十来天，还在不停地练。师襄子催了他好几回，叫他学习新的曲子，孔子都不同意。开始，他说还不懂技法；掌握技法后，又说没体会出这乐曲的思想意境。后来，师襄子对他说："你已经弹得很有感情了，可以学新曲子了。"而孔子却说："我还弄不清作曲家的为人呢！"

孔子年老的时候，回到家乡从事编书和讲学。虽然很忙，但他仍然坚持学习。

有一次，孔子得到一部《周易》。这是一本十分艰涩难懂的古书，许多人都不敢去研究它，但孔子却决心要读懂弄通这本书。于是，他就把用竹木简写成的几十斤重的《周易》抱回家去，逐字逐句地仔细研读。一遍不懂，就读第二遍，还不懂就读第三遍。这样读来读去，因为读的遍数太多了，把串联竹木简的牛皮带子都磨断了多次，换了多次新带子。最后，他到底把这部书读透了，还向别人详细地介绍这部书的内容。

因为孔子读《周易》时多次翻断了牛皮带子，所以后人就把这个故事编为一句成语，叫做"韦编三绝"，以此形容勤奋学习、认真治学的精神。

□故事感悟

孔子勤学的故事充分体现了他认真严谨的治学态度。孔子不耻下问、学而不厌、刻苦勤奋的学习精神值得我们每个人学习。

孔子生平

据史料记载，孔子的祖先本是殷商（华夏族）的后裔，故为子姓。在周朝灭掉商朝后，周武王封商纣王的庶兄、商朝忠正的名臣微子启于宋（夏邑）。微子启死后，其弟微仲即位，微仲也就是孔子的先祖。

自孔子的六世祖孔父嘉之后，其后代子孙开始以孔为氏。孔子的曾祖父孔防叔为了逃避宋国的内乱，从宋国逃到了鲁国。孔子的父亲叔梁纥（叔梁为字，纥为名）是鲁国出名的勇士，他先娶施氏曜英，生有九女而无一子，其妾生有一子孟皮，但有足疾。在当时，女子和残疾的儿子都不宜继嗣，因此叔梁纥晚年又与年轻女子颜徵再成亲生下了孔子。

孔子的伟大思想与母亲有很大关系，他的外祖父颜襄对孔子也产生了深远影响。由于孔子的母亲曾去尼丘山祈祷，然后怀了孔子，又因孔子刚出生时头顶的中间凹下，像尼丘山一样，因此起名为丘，字仲尼。

孔子3岁时，父亲叔梁纥病逝。孔子成年后，因身处乱世，他所主张的仁政始终没有施展的空间，但在治理鲁国的3个月中，强大的齐国也畏惧孔子的才能，足见孔子无愧于杰出政治家的称号。

政治上的不得意，使孔子将自己的很大一部分精力都用在教育事业上。孔子曾任鲁国的司寇，后来又携弟子周游列国，最终返回鲁国，专心执教。孔子打破了教育的垄断，开创了私学先驱，弟子多达3000人，其中有贤人72位。这72个人中，有很多后来都成了各国的高官栋梁。

司马迁写史遍访求实

司马迁（公元前145—前87），字子长。西汉夏阳（今陕西韩城）人。我国西汉伟大的史学家、思想家、文学家，著有《史记》，又称《太史公记》。这部史学巨著记载了上自中国上古传说中的黄帝时代，下至汉武帝太初四年（公元前100年），共3000多年的历史。

司马迁10岁时，跟随当太史令的父亲司马谈到京都京城，开始诵读古文。20岁时，他开始离家漫游，几乎走遍全国各地，考察了一些名山大川、历史古迹，访问了一些遗闻旧事，收集了丰富的史料。38岁时，司马迁继承父业，被任为太史令，得以尽读史官所藏图书、秘籍、档案及各种史料。42岁时，司马迁开始撰写《史记》。

在司马迁47岁那年，李陵深入匈奴，因众寡悬殊，后继无援，兵败被俘，投降匈奴。司马迁为李陵辩护，说了几句直言，结果触怒了汉武帝，被捕入狱，第二年又被处以宫刑。为了完成自己的著述，他忍受了这奇耻大辱。

两年后，司马迁出狱，被任为本来由宦官充当的中书令。从此以后，他更加发愤著书。到55岁时，终于完成了《史记》这部划时代的巨著。

司马迁写《史记》，至今还流传着这样一个故事。

有一天，一个朋友前来探望司马迁，两人寒暄了几句后，司马迁便又伏案书写，手不停挥。朋友就拿起司马迁写好放在一旁的书稿，读了起来……

那位朋友读着《李将军列传》，见司马迁在传记里描写李广退敌、脱险、射虎，件件写得神采飞扬，惟妙惟肖，字里行间充满了敬佩之情。

朋友读完后，问司马迁："你那么爱戴李广，为什么还写这个呢？"

司马迁停住笔，凑过来一看，原来朋友是指他在文中写了李广公报私仇等缺点。司马迁还没回答，朋友又开口了，他说："你这样写将军的缺点，流传后世，岂不有损将军的形象吗？"

"我写的是历史，信，是第一条，怎么能以个人爱憎去歪曲历史真相呢？"司马迁反问道。

"啊，原来如此！"朋友明白了。

果然，司马迁同情项羽，却也详细地写出了项羽必然失败的命运；司马迁厌恶刘邦，但也写出了他必然成功的条件。朋友点点头，望着正在写作的司马迁，暗暗称赞："他真是一个诚实的人啊！"

■故事感悟

司马迁正是靠着严谨治学的态度，才最终成就了《史记》这部鸿篇巨著。司马迁在创作过程中历尽千辛万苦，但他不气馁、不阿谀，终于给后人留下了这笔真实可信、言辞凿凿的宝贵财产！

□史海撷英

汉景帝驾崩

汉景帝后元三年（公元前141年）正月，汉景帝刘启病重。他自知不久于人世，在临终前便对太子刘彻说："人不患其不知，患其为诈也；不患其不勇，患其为暴也。"

景帝这句话的意思是说：人不但要知人、知己，还要知机、知止。景帝似乎已经感觉到儿子有许多异于自己的品质，把天下交给他是放心的，路还是让他自己走吧，多嘱咐也无益。

不久，汉景帝在京城未央宫病逝，享年48岁。葬于阳陵（今陕西省咸阳市渭城区正阳乡张家湾村北），谥号"孝景"皇帝，"景"为布行刚义的意思。随后，太子刘彻即皇帝位，是为汉武帝。

□文苑拾萃

司马迁祠墓

司马迁祠墓坐落在陕西省韩城市南10千米芝川镇的韩奕坡悬崖上，始建于西晋永嘉四年。1982年2月，国务院公布其为全国重点文物保护单位。

祠墓建筑群自下至上迭有坊矗立。坡下的东北方竖有一块木牌坊，为清代重建，上书"汉太史司马祠"六个大字。沿坡上行，经太公庙至岔道口，坡南有一块平台之地，建有新迁的元代建筑"禹王庙""彰耀寺""三圣庙"等。自岔道而上，又有一块牌坊，为元明时期的建筑物，上书"高山仰止"四个大字，比喻司马迁德高如山，世人至为敬仰。从此迤逦而上，牌坊上书"河山之阳"四字。

走完99级台阶登道就进入了祠院，祠院大门上书"太史祠"寝宫，这里古柏参天，环境幽静，置身其中，如登青云，如临仙境。

华佗行医不妄断

华佗（约145—208），字元化，一名旉。汉族。东汉末期医学家。沛国谯（今安徽省亳州市谯城区）人。华佗与董奉、张仲景（张机）并称为"建安三神医"。

华佗年轻的时候，读书十分用功，因而通晓儒家经典，且受家庭熏陶，精通医术和养生之术。

华佗针灸的技术十分高明，扎针一般只扎两三个穴位。扎到穴位上，拔出来后病就好了。他在给病人开汤药时，也都是随手配方，从不用秤称重量，煮熟便让病人饮用，只嘱咐注意的事项就会放心离开。病人喝下汤药不久，病痛也就解除了。

当时，沛国的国相陈珪见华佗德才兼备，便推荐他为"孝廉"。后来，太尉黄琬又征聘他到中央做官，华佗都婉言谢绝了。

东汉末年，军阀割据，连年混战，百里废墟，千里饥民，死尸触目可见。战争中死去的很多人都无人收尸，造成疫病流行；伤者无处医治，许多人都残废终生。这一切深深地刺痛了华佗，他想用自己高超的医术减轻人间的痛苦，解救百姓的危难。所以，他一直不愿出来做官。

华佗精通外科，经常为伤员治病。开始时，每当他为病人施行外科手术时，病人都疼痛难忍，嚎哭呻吟，华佗内心也十分痛苦。为了减轻病人的剧烈疼痛，他从人喝多了酒会醉这一现象中得到启发，仔细研究了一些麻醉药物，并且亲自试尝各种草药，终于配出一种叫"麻沸散"的麻醉药，这种麻醉药可以麻醉全身。以后，在施行手术之前，他就让病人喝上一碗"麻沸散"，开刀时病人就没有一点痛感了。

华佗利用全身麻醉和手术的方法，救治了大量其他方法（如汤药、针灸）无法治愈的重危病人。有一天，一个推车的脚夫肚子突然疼得很厉害，家里人抬着他来请华佗医治。华佗见他两腿屈曲，声音微弱，病情严重，断定是肠痈（现在称为阑尾炎），要立即动手术。于是，华佗让他喝下麻沸散，剖腹割掉了溃烂的阑尾，不到一个月的时间，病人就恢复了健康。华佗剖腹切除肠、胃肿瘤，清除疾秽，然后仔细缝合，再在切口上敷上药膏，几天之后伤口就能愈合，病人往往一个月内就和正常人一样了。

华佗还精通妇产科、儿科方面的医术。有一次，一位病妇卧床不起，请华佗去医治。华佗切脉之后，看了看妇人的脸色，说："她的病是怀孕时受了伤，胎儿没有生下来引起的。"

妇人的丈夫说："孕期是受了伤，但胎儿已经生下来了！"很显然，他不相信华佗的诊断。

华佗见他不肯接受医治，只得离去。又过了100多天，妇人的病情加重，危在旦夕，家人只好再次请华佗诊治。

华佗切脉之后说："脉象与上次一样。夫人原来怀的是双胞胎，前一个胎儿生下来后，由于出血过多，后一个胎儿就没有生下来。夫人没有觉察到，旁人也不知晓，不再接生，所以后一个胎儿至今还在腹中，但已是死胎。死胎在母腹中，使夫人血脉不能畅通，粘附于母体的脊骨，所以夫人常常感到脊骨疼痛难忍，卧床不起。如果再不将死胎引出，夫人将会有生命危险。"

接着，华佗给病妇喝汤药、扎针，不一会儿，妇人就有了临盆时腹痛的感觉，但死胎还是下不来。

华佗说："这个死胎已经干枯了，不能自己出来，需要旁人用手取出来。"他将探取的方法告诉一位妇女，果然取出一个男性死胎，手足都发育完好，已经变成黑色。

华佗还善于根据病人的面色、症状等，来判断病人所患疾病的轻重和能否治疗。

有一次，华佗行医到东阳，一个两岁的小孩小便时常常哭啼，身体越来越羸弱，家里十分着急，又无钱请医生。听说华佗来到此地，小孩的父亲就找华佗来询问原因。华佗了解情况后说，小孩在月子里受了寒，随即免费给了一些丸药，吃了10天，孩子的病就根除了。

有一位名叫梅平的官吏，因病被朝廷除了名，在返回家乡的途中遇见华佗。华佗察看了他的脸色和神态后，便对他说："你染上的病已经无法医治，你只能活5天了，赶快赶回家去，还可与家里人见一面。"后来果然如华佗所料，梅平在第五天死去了。

华佗对有的病不施用针药和手术，而是根据中医的气血理论来疏导治疗。有位郡守得了重病，请华佗去诊治。华佗切脉望色之后，断定郡守的病需在盛怒之下淤血吐出，方可根除。于是，华佗有意索取高昂的治疗费用，却不开药方，第二天不辞而别，还留下一封信，将郡守重重地责骂了一番。郡守果然大怒，派人追赶，要把华佗杀掉。郡守的儿子知道华佗这样做是为了给父亲治病，私下里阻止他们去追杀华佗，还向父亲谎报说没有捉到华佗。郡守更加气恼，当即吐出好几升黑血，卧床不起，过了两天身体就恢复了。

华佗还十分注意学习劳动人民治病的偏方、单方，因此，他用药很简单，疗效却很高。当时寄生虫病是民间的常见病，华佗下了一番功夫研究后，即可做到药到病除。

华佗在民间行医，救死扶伤，不计其数。他在治病的同时，也深深感到预防疾病的重要。而预防疾病首先在于强壮身体，要强壮身体，人体就应当经常活动。因此，华佗提倡体力劳动和体育锻炼，他曾对弟子吴普说："人体应当经常活动，活动能帮助消化，使血脉畅通，这样就不会生病，和流水不腐、户枢不蠹的道理一样。但活动又不宜超过限度，否则也会伤害身体。"

华佗将古代抗衰老的"导引"（呼吸运动）方法和躯体运动的保健疗法结合起来，创造了一套"五禽戏"，即模仿虎、鹿、熊、猿、鸟等种禽兽动作姿态的保健体操。这套"五禽戏"可以消除许多潜在的疾病。身体不舒服，做一种禽的动作，微微出汗，顿时感到轻松舒适，腹中空乏，食欲增强。这套体操还能使手足矫健灵活，增强体质，预防疾病，延年益寿。

■故事感悟

华佗有精湛的医术，乐于为百姓疗疾解难。他始终面向广大的贫苦人民，不愿出仕做官，值得敬佩！

■史海撷英

华佗之死

华佗热心地为老百姓治病，并且医术高超，在民间享有极高的声望。当时，曹操正雄心勃勃地进行统一中国北方的战争，但曹操患有头风病（即神经性头疼），经常发作，每次发作，他都会疼得头晕目眩，卧床难起。他召请过许多宫中的名医多方治疗，但一直没有治好。有一次，曹操的头风病又复发，痛不欲生，听说华佗的医术高明，便派人把华佗召来。华佗了解病情后，扎了几针，曹操的病就好了。

华佗对曹操说："这种病在短期内难以治愈，如果经常进行理疗的话，还可以延长寿命。"

曹操听了这番话，怕旧病复发，一时找不到华佗，不愿放华佗离去，强迫华佗做他的侍医。

华佗没有办法，只得留在军中。在华佗的护理下，曹操此后很少犯病了。但华佗不愿闲着，经常到军营里去，为军中的伤病员治病。曹操心里很不高兴，但又拗不过他。

过了一段时间，华佗依然惦念民间百姓的疾苦，也习惯在民间行医，不愿久居官府做曹操的私人医生。于是，他就假托接到妻子的信，称妻子有病，需要回家看望，告假回到家乡。回家后，他又照常为乡亲们治病疗疾，不肯返回。

曹操见华佗一去几个月不归，多次去信催华佗返回，华佗都以妻子生病尚未康复为由，请求延长假期，并照旧在家乡行医。后来，曹操命令郡县长官遣送华佗返回朝廷，华佗还是不启程，郡县官吏也没办法。

曹操得知后更加不高兴了，就派人来察访虚实，并且下了一道命令："如果他的妻子真的有病，可以赐给他小豆40斛，再放宽假期，但要有个限期；如果情况不属实，便马上将他关押起来。"

使者一察访，发现华佗的妻子根本没病。曹操知道后勃然大怒，命令将华佗押到许昌刑狱，按欺君之罪处以死刑。

华佗知道自己得罪了曹操，将要赴死，他不屈服曹操的淫威，不说一句求情的话。临死前，他拿出一卷用自己毕生心血写成的医书交给狱吏，说："这书中有许多验方，可以救人于水火之中，你拿出去传给后人吧！"狱吏胆小怕事，不敢接受。无奈之下，华佗只好含泪将书烧毁了。

一代名医，就这样被杀害了。但华佗高超的医术、崇高的医德，一直在民间传颂。

麻沸散

麻沸散是利用某些具有麻醉性能的药品来作为麻醉的药剂，在华佗之前就有人使用过。不过，这些人或用于战争，或用于暗杀，却未真正用于为人动手术治病。华佗总结了这方面的经验后，又观察了人在醉酒时的沉睡状态，自行发明了麻沸散的麻醉术，并正式用于医学，从而大大地提高了外科手术的技术和疗效，并扩大了手术的治病范围。

据考证，麻沸散的组成是曼陀罗花一升，生草乌、全当归、香白芷、川芎各四钱，炒南星一钱。自从有了麻醉法后，华佗的外科手术更加高明，治好的病人也更多。在治病时，如果碰到那些用针灸、汤药都不能治愈的腹部疾病，他就叫病人先用酒冲服麻沸散，等病人麻醉没有知觉后，他就会施以外科手术，剖破腹背，割掉发病的部位。如果病在肠胃，就割开洗涤，然后加以缝合，敷上药膏。四五天后伤口愈合，一个月左右病就全好了。

华佗曾做过肿瘤摘除和胃肠缝合一类的外科手术，而且他的外科手术也得到了推崇。明代陈嘉谟在《本草蒙筌》中引用《历代名医图赞》中的一诗作了概括："魏有华佗，设立疮科，剔骨疗疾，神效良多。"

贾思勰及其《齐民要术》

贾思勰（生卒年不详），汉族。益都（今属山东省寿光市西南）人。我国北魏末期和东魏（6世纪）大臣，曾经做过高阳郡（今山东临淄）太守。

贾思勰生活在北魏政权由兴盛转入衰亡的时代，曾在北魏王朝做官，任高阳（今山东淄博市临淄西北）太守。

贾思勰亲眼目睹北魏孝文帝改革，北魏政权比较稳定和社会经济比较繁荣的景象，也亲身经历了北魏政权的衰落，并为北魏的没落深感担忧。他读了许多儒家经典，继承了儒家学说中有关治道的合理因素。他认为，先贤所讲的"民为贵，君为轻""仓廪实而民知礼节，衣食足而知荣辱"并非虚言，要想使政权稳固，社会安定，必须发展农业生产，使百姓丰衣足食，安居乐业，否则就会引发难以预料的隐患。

为官期间，贾思勰引证历史经验，多次建议北魏政府注重农桑，向历史上对农业生产作出贡献的人物学习，注意发展农业生产，做好"安民"工作，以稳定和巩固封建政权。他认为，要搞好农业生产，必须对以往的农业生产加以认真总结，从而指导农业生产。为了对以往农业生

产经验进行很好的总结，他自己还做了大量扎扎实实的工作。

首先，贾思勰对《氾胜之书》《四民月令》等大量的前人农学著作进行了反复钻研。对于前人的经验，他不采取轻信的态度，而是要"验之行事"，在实际生产中去检验，在实际调查中去修正、补充。他广泛考察了今河南、河北、山东等地的农业生产实际情况，像古时候朝廷派到民间采风的官吏一样，把各地及沿途中所听所闻的有关农业生产的歌谣、农谚搜集起来，并虚心地向那些长期从事农业生产的老农夫询问求教。日积月累，他不仅掌握了丰富的第一手资料，还对先代农学家的经验进行了一定的修正和有力补充。贾思勰也曾从事过农业生产，在生产中也积累了一些经验，这些都为他写作一部总结性的新农术提供了可靠的资料来源。经过辛勤的努力，贾思勰终于撰成了《齐民要术》这部农书。

在《齐民要术》一书中，贾思勰所征引的书籍达一百五六十种，共10卷92篇。内容包括土壤整治、肥料施用、精耕细作、防旱保墒、选种育种、粮食与蔬菜作物栽培、果树培植和嫁接、畜禽饲料和畜禽医治、食品加工和储藏，以及野生植物利用等，充分反映了当时我国北方农村生活状况和社会经济发展状况，为中国古代不朽的农业科学巨著。

在农学思想上，贾思勰的一系列见解也对以后的农业生产产生了深远的影响。从农业典籍和生产经验的搜集、整理和研究中，贾思勰认识到，气候有一年四季的变化，土壤也有温、寒、燥、湿、肥、瘠的区别，农作物的生活和生长既有其自身的规律，又因时因地而各有所宜。要获得农业生产的好收成，就必须了解农作物的生活规律和所需生活条件，顺应农作物的生长要求。他继承了中国农学注重天时、地利和人力三大要素的思想，特别强调农业生产的基本原则："顺天时，量地利，则用力少而成功多。任情返道，劳而无获。"要求人们掌握农作物的生活和生长规律，依据天时、地利的具体特点，合理使用人力。否则，违背客观规律，就会导致"劳而无获"的结果。

这一基本思想，也贯穿于《齐民要术》全书的始终。但是，贾思勰并没有要人们仅仅被动地去顺应天时、地利，他对人力的作用非常重视，要人们在掌握农作物生长和天时、地利关系的同时，能动地利用"地利"，创造农作物的最佳生活环境，并采取各种促进农作物生长的经营管理措施，以求获取更好的收成。在经营田地时，他要求根据人力情况合理安排。在《齐民要术》各篇中，贾思勰都着意地介绍和评述如何合理利用人力、物力，搞好经济管理的重要性。这种把天时、地利、人力有机地结合起来，强调因时制宜、因地制宜、精耕细作、合理经营的思想，对中国古代农业生产产生了深刻的影响。

■故事感悟

《齐民要术》，顾名思义，就是治理百姓的重要方法。贾思勰能把政治问题、社会问题同经济问题，具体地说是农业生产问题，联系起来加以考察，并能对农业生产经验进行专门的认真研究，治学态度可谓严谨。这种贯穿古今综合各类的探索方法，为我们后人进行科学研究和探索提供了宝贵的经验。

■史海撷英

北魏的崛起

北魏（386—557年）也称后魏、拓跋魏、元魏等。

鲜卑族的拓跋部原本居住于今黑龙江、嫩江流域大兴安岭附近，过着游牧的生活。东汉以前，北匈奴被打败西迁后，拓跋部便在酋长拓跋诘芬的率领下逐步西迁，进入到原来的北匈奴驻地，即漠北地区。到了酋长拓

跋力微时期，拓跋部又南下到云中（今内蒙古托克托）一带云游，后来又迁居到盛乐（今内蒙古和林格尔），与曹魏、西晋等有了互相往来。

但在这时，拓跋部仍然处于氏族部落的联盟阶段。338年，首领什翼犍建立代政权，建都于盛乐（今内蒙古和林格尔），从此便逐渐强大起来。

□文苑拾萃

《齐民要术》

《齐民要术》为北魏时期著名农学家贾思勰所著。全书共92篇，分为10卷，正文大约有7万字，注释4万多字，共11万多字。书中引用前人著作有150多种，记载的农谚有30多条。此外，书前还有《自序》和《杂说》各一篇。

全书主要介绍了农作物、蔬菜和果树的栽培方法，各种经济林木的生产，野生植物的利用，家畜、家禽、鱼、蚕的饲养和疾病的防治，农、副、畜产品的加工，酿造和食品加工，以及文具、日用品的生产等，几乎对所有农业生产活动都作了比较详细的论述，在农学方面具有重大的意义。

怀素练字笔成冢

怀素（737—799），唐代杰出书法家。字藏真，僧名怀素，俗姓钱。汉族，永州零陵（湖南永州零陵区）人。幼年好佛，出家为僧。他是书法史上领一代风骚的草书家，其草书称为"狂草"，用笔圆劲有力，使转如环，奔放流畅，一气呵成，与唐代另一草书家张旭齐名，人称"张颠素狂"或"颠张醉素"。

唐朝时期，有一天，几位邻村行人路过怀素的家门口，不禁吓了一大跳：房子旁边的空地上添了一座高高的新坟。

到底是谁死了呢？怎么没有听到噩耗呀？行人纳闷起来。可是仔细一瞧，又觉得有些不对头，坟前既没有上香烧纸，也不见物品供奉，大概坟里埋的不是死人吧？那埋的又是什么呢？行人更觉奇怪了。

他们将怀素喊出来，指着新坟问道："那是怎么回事？"

怀素听了，笑着说："啊，你们问这个？里头埋的是一堆秃笔。"

秃笔？怀素怎么会有那么多的秃笔呢？

原来，怀素是个书法爱好者，自幼就喜欢练字，劲头大得惊人。他常常从早写到晚，忘记了吃饭，顾不上休息，可他从来都不觉得累。而

令他感到苦恼的只是家里太穷，买不起纸张，往往写字正写到兴头时却没有纸了，不得不停下笔来。这心情就像一位正在勇追穷寇的猛士，突然接到撤退的命令时一般难受。

一天，怀素写着写着字又没有纸了，只好颓丧地倚在门口发呆。忽然一阵微风吹过，传来一片"沙沙"的声音，这是房子周围的芭蕉树叶被风拂动时发出的声响。怀素眼前突然一亮，心里萌生了一个好主意：那芭蕉叶又阔又大，不正是很好的天然纸张么？他飞快地跑到芭蕉树下，摘了一片芭蕉叶，拿回家来提笔写了试试，果然成功。芭蕉叶可以当纸，这的确解决了怀素练字中的一个大问题。

可是，天长日久，芭蕉叶也被怀素写光了。面临着新的纸张危机，怀素又想出来一个好办法。他找了一块质地坚硬的大木板，刨得平平整整的，涂上油漆，然后在板上写字。这木板有一个很大的优点，写完了用湿布一擦，又可重写。就这样写了擦、擦了写，年头一长，木板中间竟然摩擦得凹了下去。

木板都写穿了，怀素写秃的笔就更是不计其数了。他每次写秃一支就往墙角一抛，这样一支一支越积越多，堆得像座小山一般。怀素就把这些笔埋了起来，成为笔冢。

如今，怀素的"笔冢"恐怕早就无处觅寻了，但他精湛的书法真迹却至今还能看得见（如《怀素自叙帖》）。他的草书超群出众，不仅在唐代书法家中名列前茅，而且千古流传，对后世的书法家也产生了很大的影响。

■故事感悟

常言道："只要功夫深，铁杵磨成针。"怀素练字，以至于秃笔成家，可见确实是下了"铁杵磨成针"的功夫。这也告诉我们：做任何事情都不可能一蹴而就，都要经过长时间的艰苦努力才可能成功。

怀素芭蕉练字

怀素自幼聪明好学，他在《自叙帖》里开门见山地说："怀素家长沙，幼而事佛，经禅文暇，颇喜笔翰。"

怀素勤学苦练的精神十分惊人。由于贫困，买不起纸张，怀素就找来一块木板和圆盘，涂上白漆书写。后来，怀素觉得漆板太光滑，不容易着墨，就又在寺院附近的一块荒地种植了一万多株芭蕉树。芭蕉树长大后，他就摘下芭叶铺在桌上，临帖挥毫。

由于怀素没日没夜地练字，老芭蕉叶都被剥光了，小叶又舍不得摘，于是他又想了个办法，干脆带了笔墨站在芭蕉树前，对着鲜叶书写。就算夏日太阳照得他如煎似烤，冬天刺骨的北风吹得他手肤皴裂，他还是继续坚持不懈地练字，写完一处，再写另一处，从未间断过。这就是有名的怀素芭蕉练字。

怀素公园

怀素公园位于湖南省永州市零陵区潇湘中路。公园始建于1992年，占地面积为120亩。因唐代大书法家怀素曾在此以蕉叶代纸练习书法，令其草书独步天下，故公园以"怀素"命名。

公园融自然景观和人文景观于一体，有醉僧楼、书禅精舍、种蕉亭、学书亭、笔冢、墨池等名胜古迹，从而建成了富有文化内涵的综合性公园。

1992年，由中国书法家协会、湖南省书法家协会与原县级永州市（现已改为零陵区）联合举办了怀素书艺研讨会暨草行书作品展，共收到各地书法爱好者来稿和作品5000余件，入选参展的精品共224件。

万宝常对古代乐律的贡献

万宝常（？—约595），隋代音乐家，江南人。其父万大通曾从梁朝部将归附北齐，后图谋逃返江南，事情泄露被杀。宝常亦因株连获罪，配充乐户，成为乐工。

历史上的南北朝是个战争频繁的时代。到了南北朝末期，南方有陈朝，北方是北齐与北周对峙。

万宝常出生于江南的陈朝，四五岁时，他跟随父亲渡江北上，归附了北齐。当时，北齐有一位宰相叫祖珽，万宝常除了帮助皇帝处理国家大事之外，他还是一个有家传的天才音乐家。他的遭遇十分坎坷，曾两次被配为流囚，还被人把两眼熏瞎了。年幼的万宝常早就显露出音乐方面的特殊天赋，八九岁时，一个偶然的机会使他能从师祖珽学习音乐，学习演奏各种乐器。从此，一位天才音乐家怀着对音乐的挚爱，日复一日地教导着一位聪颖好学的孩子，使这棵小幼苗在音乐的土壤中扎下了根，一天天茁壮成长起来。

但是，巨大的不幸降临了。万宝常的父亲图谋逃回江南，事情败露后被杀害了，年仅10岁的万宝常也受到株连。因他有音乐才能，被发配为乐户，成为卑贱的、没有人身自由的乐工。这种身份与奴隶几乎没有差别。从此，万宝常远离故乡和亲人，孤独地在异乡过着奴隶生活。

然而，万宝常的音乐天赋并没有因此而被埋没。也许是艰难成就了他，让他把全部精力都倾注在音乐之上。几年之后，万宝常已经完全通晓音乐知识，可以娴熟地演奏各种乐器，成为一个难得的音乐人才了。

这时的万宝常已经不仅仅是一个手持笙箫列于队中为皇帝百官演奏的普通乐工了，他还为北齐宫廷制造了精美的玉磬，成为宫廷演奏时必不可少的主要乐器之一。由于师承祖氏家学，祖珽的父亲祖莹曾作过北魏的太常卿，主持宫廷音乐的创作，万宝常就将这些音乐加以整理，称为"洛阳旧曲"。因为洛阳是北魏的都城，流行于洛阳一带的乐曲，吸收西北少数民族的胡乐与中原华夏雅乐而融为一体，很有独特风格，这些宝贵的音乐资料因而得以流传下来。

一天，万宝常与几个同行一边吃饭，一边讨论音乐曲调。谈到高兴之处，宝常看看面前的杯盘碗盏，便随手拿起竹筷敲击起来。那些大大小小的碗盏什物立刻传出抑扬顿挫的旋律，不亚于弦乐之妙，而且奏出来的就是刚才讨论到的曲调。众人大为赞叹，一时传为佳话，万宝常也因而得到了"知音"的美誉。

正当万宝常艺臻日渐成熟之时，中国历史上又经历了一次重要的改朝换代：杨坚建立隋朝，长达三四百年的南北朝分裂局面结束，天下重又归于统一。斗转星移，换了人间。可是，万宝常的身份却没有丝毫的变动，仍然是一名乐工、一个奴隶。

为了适应开国形势的需要，隋文帝杨坚召集郑译、苏夔、何妥等一批高级官吏，着手整顿宫廷音乐，准备颁发新的律制。哪知这些人各立朋党，争论不休，几年过去了始终没有结果。之所以如此，除因缺少音

乐知识而引起的纠葛外，其实质是官僚们都想借制订新律的机会为自己争得政治权势。

这时，万宝常虽然仍是一名低贱的乐工，但在音乐上的才华使得大臣、宰相，乃至至尊的天子都不能再忽视他，所以每次议乐皇帝都要传唤他参加，征求他的意见。

在参加议乐的人中，一派以郑译为代表，极力推崇胡乐，以胡乐的音律为正，斥汉晋以来的音律为乖戾；一派以苏夔为代表，引经据典地认为只能有宫商角徵羽五音，不赞成学习胡乐音律。多年在音乐王国里遨游的万宝常，深知中国雅乐与西域胡乐各自的精华是可以兼容、相得益彰的，那些不学无术、腐朽不堪的权贵哪里懂什么音乐？于是他面对满朝权贵和天子，提出融雅乐、胡乐为一体，自成新乐的主张。不用说，以万宝常身份之卑微，他的建议未被采纳。

尽管如此，万宝常从未放弃他对音乐艺术的执著追求。一次，郑译制成乐曲奏上，隋文帝询问万宝常："此曲如何？"

"此亡国之音，难道陛下应该听这种音乐吗？"万宝常毫不客气地回答。

隋文帝听后很不高兴，万宝常便将自己多年钻研的结果禀报文帝，说明这种音乐"哀怨淫放，非雅正之音"，并要求以水尺为律来调制乐器。文帝下诏允许他去做。

万宝常奉旨后，便将他的音乐理论付诸实践，制造了多种乐器。试弹奏后，乐曲婉转流畅，耳闻目睹者莫不惊叹，于是人们纷纷仿效，改造了不少乐器。用这些乐器弹奏出来的乐曲，声音雅淡、清远，效果极佳。

可是，宫廷中主管音乐的太常卿等人却很不喜欢，极言诋毁、贬斥万宝常的音乐。所以，隋朝的宫廷乐制中既未采纳他的意见，也未对他的卑贱地位稍予改善。他倾注毕生心血所制作的乐器终为权贵们所忌而闲置不用，而他自己也在劳瘁之余更加悲愤，贫病交迫，竟至饿死。

在临死前，万宝常愤然烧掉了自己的全部著作——64卷《乐谱》，书里记载着他承继前人、独树一帜的乐律理论。这时的万宝常还不到40岁，他用自己的死表达了对那些忌恨他、排毁他、剽窃他的学说和使他一生陷于奴隶境遇而不肯让他扬眉吐气的权贵们的抗议，也用自己的死捍卫了音乐艺术的纯洁。

万宝常所制的宫廷乐器对后世的俗乐产生了深远的影响。他的律学理论到了唐代为祖孝孙所恢复，在唐代丰富、绚丽的音乐艺术的春天里，有万宝常播下的种子在发芽、生长。

■故事感悟

万宝常被迫沦为乐户，地位如同奴隶，在这样的逆境中，他仍把音乐看成是自己的生命，是人生的全部内容，是自由的象征。沦为乐户是无奈之举，献身音乐事业则是自愿的。正因为如此，万宝常将自己磨炼成为一名音乐家，并为中国古代乐律、乐器的改进作出了重要贡献。

■史海撷英

万宝常撰写《乐谱》

隋文帝杨坚开皇初年（581年），郑译等人重定乐律，制黄钟调。在演奏后，文帝问万宝常的意见，万宝常回答说："此乃亡国之音，岂陛下之所宜闻？"

接着，万宝常竭力说明此乐声的哀怨放纵，实非雅正音乐的道理，隋文帝终于同意了他的意见，并命万宝常调整乐音。万宝常果真出手不凡，

制成了各种乐器，还撰写了《乐谱》64卷，提出了有名的八十四调（即一个音律有七音阶，在每个音级上建立一个调，所以成为七个调。那么"十二律"即可得"八十四个音阶调式"），为以后唐朝灿烂缤纷的音乐文化奠定了基础。

□ 文苑拾萃

八十四调

音乐中的八十四调理论，是隋代著名音乐家万宝常在龟兹音乐家苏祗婆创立的"五旦七调"理论基础上发展起来的。

"五旦七调"中的"旦"，就相当于我国古代音乐术语中的"均"，也就是指一个音列的定位。以何律为宫的音阶，即称为何均。比如，以黄钟为宫的音阶就称为"黄钟均"或"黄钟宫"。苏祗婆创立的"五旦"，就相当于分别以黄钟、太簇、林钟、南吕、姑洗为宫的音阶。

同时，以七声音阶中的任何一音作为主音，又可以构成七种不同的调式。因此，苏祗婆的"五旦""七调"可以旋相为宫，以七声音阶旋宫，故而在理论上可以得到35个宫调。

范缜及其《神灭论》

范缜（约450—515），字子真。中国南朝齐、梁时思想家，无神论者。南阳舞阴（今河南泌阳县西北）人。曾任宁蛮主簿、尚书殿中郎、宜都太守、晋安太守。

范缜很小的时候就失去了父亲，少年时跟从当时的名儒刘瓛读书，博通经籍，尤精《三礼》。他读书善于思考，喜欢把平时观察所获得的经验融入于思想当中，对任何一种思想和见解都从不迷信盲从。

范缜性情刚直，为人从不虚与委蛇，心里怎么想的，嘴上就怎么说，从不掩饰自己的观点和主张，因此也常常说出一些令人吃惊的话，与流俗的见解相左。

南朝齐时期，范缜历任尚书殿中郎、领军长史、宜都太守等职，曾以文学出使北魏，并游于竟陵王萧子良门下。在入梁后，他先后任晋安太守、尚书左丞、中书郎、国子博士等职。但是，范缜的任官履历在他那惊世骇俗的思想言论面前，总是显得黯然失色。

魏晋南北朝时期，百姓受尽统治阶级的压迫、剥削，长期的战乱又给百姓带来了无穷的灾难，这种情况也导致宗教大肆流行。

自东汉明帝时期开始，佛教开始传入中国，并在这一时期广泛流行。佛教主要宣传人的肉体死亡，灵魂永在，可以转生来世。如果今生能忍受痛苦，虔诚信佛，把财产尽量施舍给佛寺，死后就会上天堂，来世可以得到幸福。贫苦的百姓为了摆脱现实的烦恼，纷纷崇信佛教。各族统治者为了巩固统治和获得精神安慰，也有意识地提倡佛教。后赵时期，还重用佛图澄，前秦苻坚重用释道安，后秦姚兴重用鸠摩罗什，南燕慕容德重用僧朗。这些名僧，在朝廷上都可以参议国家大事。

由于统治者大力提倡佛教，佛寺遍及各地，僧尼数量多到惊人的程度。北魏时，全国就建有寺院3万所，僧尼有200多万人。

在南方，佛教也在传播。梁武帝时，一度把佛教定为"国教"。梁武帝萧衍本人也曾三次舍身童泰寺，大臣们花了好多银两才把他赎出。当时仅建康城（今南京）就有寺院500多所，僧尼10余万众。寺院的僧尼们不事劳作，却占有大量土地，获得大量钱财，使本来就无计可施的百姓更加贫困，也耗费了国家巨万财富。统治者崇信佛教，使政治也更加腐败。范缜目睹了"浮图害政，桑门蠹俗"的沉沦局面，立志破除时弊，从而展开了反佛斗争。

范缜在任职于南朝齐时，曾在萧子良的西邸公开发表自己的反佛言论，大力宣扬无佛。信佛痴迷的竟陵王萧子良问他："你不信佛，不信因果报应，那么，你怎么解释人世间有的人富贵，有的人贫穷呢？"

范缜回答说："就像树花一样，随风飘落，有的落在茵席之上，有的堕入溷厕之中。落在茵席上的是殿下您，落入溷厕中的是我。贵贱贫富虽不一样，可因果在哪里呢？"

萧子良见说服不了范缜，就召集众僧、"学士"来批驳他，但范缜始终不屈服。萧子良又派王融对他威胁利诱，王融说："你坚持神灭论，是损伤名教，将为世俗所不耻。像你这样有才学的人，不怕做不到中书郎的高官，何苦固执不化，误了自己的前程呢？"

范缜大笑答道："我坚信我所认识的事理是正确的。如果我忍心卖论取官，再大的官也做到了，何在乎你说的那个中书郎！"

梁建国后，梁武帝于天监三年（504年）把佛教定为国教。这时，范缜还是不停地宣传神灭论。不久，梁武帝萧衍发动了一次更大规模的围攻，欲使范缜屈服，放弃真理。梁武帝摆出以理服人的儒雅风度，在《敕答臣下神灭论》中说："欲谈无佛，应设宾主，标其宗旨，辨其短长。"仿佛范缜的无神论观点是无根无据的无稽之谈。梁武帝还以君主的威严不无恫吓地说："神灭论是违背经书悖谬祖先的，这一套言论应该停止了。"

面对崇佛派的学术围剿和梁武帝的恫吓，范缜不但没有屈让，反而勇敢地接受了挑战。经过认真的思索，他用自设宾主的问答体裁，写出了著名的《神灭论》，比较全面系统地论述了形神相即、形毁神亡的道理。

首先，范缜针对佛教宣传人死后灵魂离开肉体独立存在的谬论，提出了"形神相即"的观点。他认为，人的形体和人的灵魂（精神）是密切联系、不可分割的。神离不开形，形也离不开神，所以人的形体存在，人的精神就存在；人的形体消亡，人的精神也就消亡了。他还进一步指出："形体，是精神的本体；精神，是形体的功用。"换句话说，形体就是精神赖以存在的前提和基础，是第一性的；精神是形体产生的作用，是第二性的。范缜举例说，形体和精神，就像刀刃和锋利的关系一样，没有刀刃就没有锋利，形体死亡，精神作用也就不存在了，从而准确生动地解释了形神之间的依存和区别的对立统一关系。

其次，范缜认为，万物虽各有形质，但并不是任何物质形体都有精

神活动，只有活人的形体才有精神作用。他说："木头的本体是无知的，人的本体是有知的，死人的本体和木头的本体一样，也是无知的。"所以，也就不会再有一个离开肉体的精神活动了。

范缜还认为，人的精神活动分为"知""虑"两个部分，同时指出"知""虑"虽有不同，但因为同是人的精神活动，所以也可以说"知即是虑"。但是不管哪一种精神活动，都以一定的生理器官为基础，痛痒、视、听是以体、目、耳为基础，判断是非的思维活动是以心（那时还不知是脑）为基础。他说"心病则思乖"，即是说人的精神上出了毛病，就会想象出超乎寻常的荒诞情景，可见人的精神作用是建立在人体器官这种物质上的。这样，佛教宣扬的形神分离、形亡神不灭的唯心主义观点就站不住脚了。

范缜的《神灭论》一出，统治阶级大为震动。梁武帝发动王公大臣60多人，写了75篇文章来围攻范缜，而范缜始终坚持自己的观点。面对众多的围攻者，他唇枪舌剑，驳得那些人哑口无言，还有很多人从崇佛信佛的立场上站到了范缜一边。

■故事感悟

世上本来就没有鬼神之说，但在科学还不发达的古代，要提出这个观点可不是件容易的事。但范缜做到了，他坚持自己的无神论观点，即使用高官厚禄来引诱他，也不能动摇他捍卫真理的决心。

■文苑拾萃

《神灭论》

《神灭论》是南朝齐梁时期著名的思想家范缜所撰，是中国古典文学的名篇之一。

《神灭论》坚持了物质第一性的原则，系统地阐述了无神论的思想，指出人的神（精神）与形（形体）是互相结合的统一体："神即形也，形即神也，形存则神存，形谢则神灭。"

作者范缜把人的形体与精神的关系用刀口同锋利的关系作了极为形象的比喻。他说："形者神之质，神者形之用""神之于质，犹利之于刀，形之于用，犹刀之于利""未闻刀没而利存，岂容形亡而神在"。

范缜的《神灭论》对后世产生了深远的影响。

谈迁及其《国榷》

谈迁（1594—1658），原名以训，字仲木，号射父。浙江海宁枣林人。其先祖随宋室南渡，定居于盐官梅村，后迁至马桥麻泾港西。

谈迁是明清之际一位著述谨严、卓有成就的历史学家。

谈迁家境贫寒，但他自幼就酷爱历史，而且这种兴趣随着他年龄的增长更是有增无减，因此在弱冠之年，谈迁就阅读了大量的史书。

在读书过程中，谈迁也逐渐认识到历史的价值贵在经世致用，不读史就难晓古今沿革和兴替，不读史就不能很好地治国平天下。史贵真实，学用经世，因此他阅读史书时更是勤奋不苟。

幼时培养起来的兴趣在激励着谈迁，严酷的社会现实也在不时地影响着谈迁。谈迁处在明朝腐朽没落、后金崛起的动荡历史时期，明朝的官员们声色犬马、结党营私；谈及国事，争相推避，只会媚颜悦主，无视女真雄视中原、国破家亡近在旦夕的危机，忠臣见谤，奸佞横生。耳闻目睹这一切，他心痛如焚，深感自己手中的笔越来越沉重，便决心终生不做官，用真实的笔触写下时代的巨变，留给后人作为永世的借鉴。

谈迁勤读史书，并非为了炫耀，而是以自己独特的眼光和心灵来重新审视历史，力求心得。在阅读史书的过程中，他发现，明朝的实录中有好几朝的实录在内容上都有失实、歪曲的地方，而且各家在编年史中又多有讹舛疏陋、肤浅冗沓的弊病。于是，谈迁决心亲自动手编写一部真实可信的明朝史书。

谈迁的编写工作开始于明朝天启元年（1621年），在饥寒交迫的环境中，他用了6年的时间才完成初稿。但谈迁发现，初稿在内容等方面还不够完善，因此又陆续加以修订。到了清顺治二年（1645年），谈迁又续订了明末崇祯、弘光两朝的史事。为了求真求善，谈迁在修订增补初稿时，就花了长达26年的时间，然而光阴如流水，并未付东流！

谁曾想到，1649年，这部花了谈迁半生心血编撰的稿子全部被人偷走了。这意外的打击让57岁的谈迁悲愤欲绝。忍饥挨饿的日子熬得过，访求史籍的辛苦也受得起，可这飞来之祸怎么也料想不到啊！

书稿是找不回来了，但谈迁转念一想，初稿不是人写的吗？只要人还在，就有书在。于是，他决心趁自己的脑子和手还够灵活，便起笔重写。又用了5年的时间，谈迁终于将《国榷》重新编写而成。

望着案前堆积如山的书稿，谈迁的脸上又绽开了笑容，这是终生宿愿的达成，也是经历身心交瘁艰难岁月后流露出的倔强和自信。这时，谈迁已经62岁了，他经常感到力不从心，脑子有些迟钝了，手脚也不太灵便了。但谈迁没有气馁，为了定稿，他竭力想把那些因时间太久而印象模糊的事迹弄清楚。于是，他只身一人带着仅有的一点银两携书稿来到北京，去访问那些明朝遗老、豪族、宦官，并亲自到那些故址旧迹踏查。

长期的写作生涯使谈迁的头发全白了，眼睛也花了，清苦的生活让他只能穿粗布衣衫。在那些达官贵人眼中，谈迁只不过是个穷秀才，没有什么值得尊重的，因此，谈迁也常常遭到冷遇。但他从不灰心，直到

把模糊的问题弄清为止。

谈迁还走访了"十三陵"，登上了香山，对那些古迹反复进行考察，哪怕是一块残碑、一截断垣，他也不放过。他一边观察，一边在纸片上记录，不肯漏掉有补于书稿的丝毫信息。他为对书稿拾遗补缺而搜寻资料，几乎达到了如醉如痴的境界，人们都把他当成疯子、傻子，可他心中自有快乐，哪管世人的白眼和奚落。

就这样，谈迁在北京住了3年。离京后，他回家对书稿继续进行修订，直到自己满意才正式定稿。成书后的第二年，这位一生矢志为自己的著述事业而不懈奋斗的老人便与世长辞了。

谈迁编著的《国榷》，主要根据列朝实录和邸报，再广求遗闻，参以诸家编年，所采诸家著述达百余种。他对实录和诸家著述并不轻易相信，对史事的记述也采取慎重态度，取材广，选择严，能择善而从，这就为其编著工作在技术处理上又增加了一层难度。

特别应该指出的是，《国榷》关于万历以后明朝以及后金史事的记载多为他书所不传，加之当时没有刊行，没有遭到清人篡改，所以史料价值较高，是后人研究明史比较可靠的资料。为了著成这部史书，谈迁从1621年动笔到1656年定稿，前后用了35年的时间。不论是烈日炎炎的盛夏，还是冰天雪地的隆冬；无论是在途经坎坷的旷野，还是在月映烛照的斗室，他都丝毫没有懈怠过。

□故事感悟

谈迁一生都是在穷困的环境中度过的，直到晚年，他仍未放弃自己的理想，在治学的道路上不折不挠、严肃认真，这种精神值得学习，所以也备受后人的景仰和称道。

南明始末

南明是自1644年李自成农民军攻破北京开始，到后来的清朝入主中原为止，为明朝宗室先后在南方建立的抗清政权的统称，包括弘光政权、隆武政权、鲁王监国、绍武政权及永历政权，前后共历经18年。

■文苑拾萃

《北游录》

《北游录》主要记述了谈迁从1653年到1656年在北京期间的经历见闻，以及他所撰写的一些诗文等，真实地记录了当时北京的气候、地理、景观、百姓生活状况以及知名的历史人物活动情况等诸多方面。

《北游录》全书共分9卷，其中纪程、纪邮、纪泳、纪闻各两卷，纪文一卷。从这些文字中，我们也可以看出谈迁这位矢志不渝的历史学家为了完成他的《国榷》这部著作，在搜集史料、考订史实过程中所经历的辛劳与艰辛。

王冕苦练终有成

王冕（1310—1359），字元章，号煮石山农、放牛翁、会稽外史、梅花屋主、九里先生、江南古客、江南野人、山阴野人、浮萍轩子、竹冠草人、梅叟、煮石道者、闲散大夫、老龙、老村、梅翁等。元代著名画家、诗人、书法家。浙江诸暨人。出身农家，幼年丧父，每天利用放牛的时间画荷花，晚至寺院长明灯下读书，学识深邃，能诗，青团墨梅。后隐居九里山，以卖画为生。画梅以胭脂作梅花骨体，或花密枝繁，别具风格，亦善写竹石。兼能刻印，用花乳石作印材，相传是他始创。著有《竹斋集》《墨梅图题诗》等。

　　元朝末年，浙江诸暨有一个牧童，看见两头大水牛相斗，样子非常有趣，决心要把这情景画下来。可是画来画去，连画了三天都不像，他懊恼极了。这时，与他一同看过斗牛场面的王冕，走过来提起笔，三勾两勾，一幅惟妙惟肖的斗牛图便画成了。牧童惊奇地瞪大了眼睛，问："我三天都画不成，你怎么一会儿就画得这么像？"

　　王冕笑笑说："看起来你花了三天，我只用了一会儿，可你哪里知道，我已经下过几十年的工夫了！"

王冕说的确实是实情。他出生在一个贫苦的农民家庭，从小喜爱读书，却没有钱上学。年仅七八岁时，就不得不去给财主家里放牛。

村子里有一所学堂，学生都是些富人子弟。王冕每天牵着牛从学堂门口经过，一听见那琅琅的读书声，脚步便不由自主地停下来。他把牛拴在野外吃草，自己便轻轻地走近学堂，在教室旁边听学生们读书，边听边默默地记住。有一天，王冕听得入迷，一直到傍晚才想起牛来，跑出去一看，糟糕，牛已经跑得无影无踪了。父亲听说他把财主的牛丢了，又怕又气，拿起棍子狠狠地揍了他一顿。

然而，棍棒并没有使王冕失去求知欲，他又跑到一个寺庙里住下来。夜里，他悄悄地走进佛殿，坐在佛像膝盖上，借着佛前长明灯的光亮起劲地阅读借来的旧书。他一会儿高声朗诵，一会儿低声吟咏，常常不知困倦地读到天明。殿堂里的佛像一个个青面獠牙，连大人都望而生畏，小小年纪的王冕却一点儿也不害怕。他一心都扑在读书上，早把别的事物置之度外了。

王冕的兴趣很广泛，除了酷爱读书，还喜欢绘画。一个初夏的傍晚，王冕正在湖边放牛。雨过天晴，那美丽的湖光山色将他深深地吸引住了。明媚的日光从云缝里斜射下来，照得湖面波光荡漾；湖边的山上青一片、绿一片，如同翡翠点缀其间；湖心里枝枝荷箭亭亭玉立，荷叶上的水珠像珍珠似的滚来滚去，真是美丽极了。

王冕心想：要是能把这景色画下来，该有多好啊！可惜自己不会。这时他忽然灵机一动：天下难道有学不会的事情吗？我为什么不能自己动手学画呢？

王冕立即去向人借来了几支毛笔，把树叶捣出汁液当作绿色的颜料，研磨红石粉末作红色的颜料，就坐在湖边画起画来。

王冕先试着画荷花，可是画来画去都画不好。但他并不灰心，一张

不行，再画一张，边画边对着荷花仔细观察，反复琢磨。久而久之，他画的荷花有点像了。经过数年的苦练，王冕终于妙手自成，别人看他画的荷花，就像是刚从湖里采来放在纸上的一样。

一时间，王冕名声大振，人们都争相购买他的画。王冕就拿出一部分卖画的钱买了一些纸笔、颜料等绘画用品，接着练习画山水、动物，画技越来越高。

到后来，王冕成为元末著名的画家和诗人，他的画尤以墨梅著称，其风格技巧，对后代许多画家都产生了深刻的影响。

□故事感悟

牧童画"斗牛图"连画三天，还是画得不像；而王冕提笔勾画，只一会儿就画得惟妙惟肖，其奥秘何在呢？原来这"一会儿"的背后，有着王冕"几十年"的努力。王冕的高超画技是他长期刻苦努力的结果。

□史海撷英

王冕隐居

王冕成年后，隐居在山明水秀的浙江诸暨枫桥镇北九里山的水南村。这个村子共有三户人家，一年到头都是辛苦劳动，维持生活。在村子中间，一条溪水像玉带似地流过，挺秀的山峦耸立在屋后，山上竹木茂盛，一片葱茏。可以说，这里山水相映，景色秀丽，环境清幽，正如王冕的诗篇中所说："青山隐隐带江流，江上轩窗面面幽。"他在此地"种豆三亩，粟倍之，梅千树，桃杏居其半，芋一区，薤韭各百本；引水为池，种鱼千余头"（《芝园后集》卷十）。

王冕一生的大部分时间，就生活在这个充满诗情画意的山村中。朴实的生活与清幽的山水，孕育了王冕热爱生活、热爱劳动人民的性格，也赋予他的诗画创作以浓厚的生活气息。

■文苑拾萃

王冕治学

王冕者，诸暨人。七八岁时，父命牧牛陇上，窃入学舍，听诸生诵书，听已，辄默记。暮归，忘其牛，父怒挞之。已而复如初。母曰："儿痴如此，曷不听其所为？"冕因去，依僧寺以居。夜潜出，坐佛膝上，执策映长明灯读之，琅琅达旦。佛像多土偶，狞恶可怖，冕小儿，恬若不见。

安阳韩性闻而异之，录为弟子，学遂为通儒。性卒，门人事冕如事性。时冕父已卒，即迎母入越城就养。久之，母思还故里，冕买牛驾母车，自被古冠服随车后。乡里小儿竞遮道讪笑，冕亦笑。

沈括及其《梦溪笔谈》

沈括（1031—1095），字存中。北宋钱塘（今杭州）人。中国乃至世界古代史上少有的科学家，也是一位非常博学多才、成就卓著的科学家。他精通天文、数学、物理学、化学、地质学、气象学、地理学、农学和医学；他还是一位卓越的工程师、出色的外交家。晚年以平生见闻，在镇江梦溪园撰写了笔记体巨著《梦溪笔谈》。

沈括的母亲精通文理，沈括从小就跟着母亲刻苦学习，阅读了大量的古代典籍。但他并不迷信书本，而是善于独立思考，常常以自己的见闻去检验书本上记载的东西。对书上不确定的知识，他就大胆怀疑，不管书的作者是圣贤之辈，还是什么别的权威。东汉时的大经学家郑玄，在为一本经书作注时，把"车渠"解释为"车轮的外圈"。沈括在东海之滨看到有一种贝类动物，大的有簸箕那么大，当地的人们称之为"车渠"，因此，他断定郑玄的注释是错误的。

在读书和实践过程中，沈括还不时地提出自己的主张和见解。为了弄懂一门科学，他往往要花费几年、十几年，甚至几十年的时间。在考中进士不久，沈括就开始自学天文、历法。后来他主持司天监的工作，便更加刻苦地进行天文观测。在主持司天监工作期间，沈括力主在实测日、月、五星行度的基础上改进历法。他还亲自推荐和积极支持精于历术的淮南人卫朴进行改历工作，终于于1074年修成了奉元历。

沈括对五星运行的轨迹和陨石坠落时的情景均作过翔实而生动的描述，这是他进行仔细观察的结果。为了测验北极星与天北极的真切距离，他亲自设计了能使极星保持视场之内的窥管，并用它连续进行了3个月的观测，每夜观测3次，一共画了200多个观测图，进而得到了当时的极星"离天极三度有余"的结论。

沈括对晷漏进行了长达十余年的观测和研究，获得了超越前人的见解。比如，他第一次从理论上推导出冬至日昼夜一天的长度"百刻而有余"，夏至日昼夜一天的长度"不及百刻"的重要结果。

沈括还坚持"月本无光""日耀之乃光耳"的科学认识，并用一个圆球，将其一半用粉涂抹。在侧视的时候，有粉无粉的分界处呈现出钩一样的形状；在正视的时候，就呈圆卷状，形象地演示了月亮盈亏的现象。

在观测过程中，沈括还十分重视观测手段的改进。熙宁七年（1074年）七月，他向朝廷进呈了自己研制的浑仪、浮漏、影表三种仪器，并分别对应测量天体位置、时间与日影长短的三种天文仪器，提出了经过深思熟虑的改进意见和设计方案，对于观测精度的提高大有裨益。

针对传统的阴阳合历在历日安排上的缺欠，沈括大胆地提出了自己的建议。他主张使用与农业生产关系密切的十二气历，即以12个节气为一年，以立春为一年之始，大月31日，小月30日，一大一小相间，即使有两个小月相连，一年里只有一次。这样一来，就可以做到"年年齐尽，永无闰余"，而把传统的月相变化内容仅作为历注书名。

沈括提出的这一建议既简便又科学，比起现行的公历——格列高利

历还要合理。然而可惜的是，沈括的建议在当时并没有被采用，反而招致一些人的责骂。但他始终相信，在以后的岁月里一定会有采用他建议的那一天。

果然在其后的800多年，英国气象局使用了与十二气历十分相似的萧伯纳历，用于农业气候的统计。

在数学方面，沈括的研究课题有"隙积术"和"会圆术"等。"隙积术"是求解垛积的问题，这属于高阶等差级数求和问题。对此，沈括创立了一个正确的求解公式，并开辟了一个数学研究的新方向。"会圆术"是一个已知弓形的圆径和矢高求弧长的问题，沈括推导求得弓形弧长的近式公式，元代王恂、郭守敬等人授时历中的"弧矢割圆术"就利用了这个公式。

沈括在物理方面的成就也是多方面的。在对于磁学的研究上，他对指南针四种装置的明确记述和所进行的优劣比较，说明他是亲自进行一番观察和实验的。他发现磁针"常微偏东，不全南也"的现象，这是关于磁偏角的最早记载，比西欧的记录要早400年左右。

沈括还曾认真地做过凹面镜成像的实验，得到了较《墨经》前进一步的结果。对于中国古代光学杰作透光镜，沈括也进行了细心观察和研究。沈括以铸镜时冷却速度不同来解释，虽然不一定符合历史事实，但他的探究精神是值得称道的。沈括又曾做过用纸人进行共振现象的实验。他剪一个小纸人，放在基音弦线上，拨动相应的泛音弦线，纸人就跳动；弹别的弦线，纸人则不动。这个实验比欧洲人所做的类似实验还要早好几个世纪。

在地学方面，沈括也有独到的探索和研究，作出了不少贡献。1074年4月，沈括到浙东地区察访，看到"峭峻险怪、上耸千尺、穿崖巨谷"的雁荡山诸峰的地貌景观，明确地提出了流水侵蚀作用的自然成因说。

他还认为，我国西部黄土地区"立土动及百尺，迥然耸立"的地貌特征也是同一原因造成的，为这两个不同地区的地貌情况提供了科学的说明。同年秋，他到河北察访，发现太行山麓之间，往往衔有螺蚌壳以及圆滑如鸡蛋的石头，横亘的石壁像带子一样绵延整齐，他就说："这是从前的海滨。"他还进一步提出华北平原是由于泥沙的淤积而造成的，这些都是沈括独到的见解。

1076年，沈括接受了编制《守令图》的任务。当时，他因受诬陷被贬，住在湖北随县的一所庙里。在3年的时间里，寒冷、潮湿和寂寞都没有使他屈服，他不断地修补之前没有画完的地图。后来遇赦，移居浙江，他在途中实地考察了湖北、江西两省的部分地区，获得了修补地图的第一手资料，改正了旧地图上的错误。

1087年，沈括终于完成了由20幅地图组成的地图集，其中最大的一幅高1.2丈，宽1丈。图幅之大，内容之详，在历史上都是十分罕见的。

沈括一生的大部分时间都在朝廷为官，然而他一生都在为科学事业忘我地探索、奔波。在58岁时，沈括退出官场，但仍然继续着自己为之奋斗的事业。他隐居在镇江丹德县的梦溪园，砥砺斗志，奋笔疾书。经过8年的努力，沈括将自己一生所见所闻及研究心得以笔记文学的体裁写成了《梦溪笔谈》这部内容涉及天文、数学、物理、化学、生物、地质、地理、气象、医学、工程技术、文学、史学、音乐和美术的著作。其中的自然科学部分总结了我国古代，特别是北宋时期的自然科学成就，详细地记载了古代劳动者在科学技术方面的贡献，是世界科技史上的一份宝贵遗产。

沈括勇于求索、敢于超越前人的攻坚精神，也是人类的一份珍贵财富。

■故事感悟

沈括一生为科学事业不断探索，他严肃认真的治学态度备受后人称颂。而他以笔记文学体裁写成的《梦溪笔谈》，更是为中华文明的传承与发展作出了巨大的贡献。

■史海撷英

沈括治水

在沈括的一生中，他十分重视发展农业生产和兴修水利。早在青年时期任沭阳县主簿的时候，沈括就主持治理沭水的工程，组织几万民工，修筑渠堰，不仅解除了当地人民的水灾威胁，还开垦出7000多顷良田，改变了沭阳贫穷落后的面貌。那时，沈括只有24岁。

在任宁国县令的时候，沈括积极倡导并主持在今安徽芜湖地区修筑了规模宏大坚固的万春圩，开辟出能排能灌、旱涝保收的良田1270顷。同时，他还写出了《圩田五说》《万春圩图书》等关于圩田方面的著作。

熙宁五年（1072年），沈括主持了汴河的水利建设。为了治理好汴河，沈括亲自测量了汴河下游从开封到泗州淮河岸共840多里河段的地势。他采用"分层筑堰法"，测得开封与泗州之间地势高度相差19丈4尺8寸6分。这种地形测量法，是把汴渠分成许多段，然后分层筑成台阶形的堤堰，引水灌注入内，再逐级测量各段水面，累计各段方面的差，总和就是开封和泗州间"地势高下之实"。

沈括的这种测量方法在世界水利史上是一个创举，因此仅仅在四五年的时间里，沈括就取得了引水淤田1.7万多顷的显著成绩。在对地势高度计算时，其单位竟细到了寸分。可见，沈括的治学态度是极其严肃认真的。

前赤壁赋

（宋）苏轼

壬戌之秋，七月既望，苏子与客泛舟游于赤壁之下。清风徐来，水波不兴。举酒属客，诵明月之诗，歌窈窕之章。少焉，月出于东山之上，徘徊于斗牛之间。白露横江，水光接天。纵一苇之所如，凌万顷之茫然。浩浩乎如冯虚御风，而不知其所止；飘飘乎如遗世独立，羽化而登仙。

于是饮酒乐甚，扣舷而歌之。歌曰："桂棹兮兰桨，击空明兮溯流光。渺渺兮予怀，望美人兮天一方。"客有吹洞箫者，倚歌而和之。其声呜呜然，如怨如慕，如泣如诉；余音袅袅，不绝如缕。舞幽壑之潜蛟，泣孤舟之嫠妇。

苏子愀然，正襟危坐，而问客曰："何为其然也？"客曰："'月明星稀，乌鹊南飞。'此非曹孟德之诗乎？西望夏口，东望武昌，山川相缪，郁乎苍苍，此非孟德之困于周郎者乎？方其破荆州，下江陵，顺流而东也，舳舻千里，旌旗蔽空，酾酒临江，横槊赋诗，固一世之雄也，而今安在哉？况吾与子渔樵于江渚之上，侣鱼虾而友麋鹿，驾一叶之扁舟，举匏樽以相属；寄蜉蝣于天地，渺沧海之一粟。哀吾生之须臾，羡长江之无穷；挟飞仙以遨游，抱明月而长终；知不可乎骤得，托遗响于悲风。"

苏子曰："客亦知夫水与月乎？逝者如斯，而未尝往也；盈虚者如彼，而卒莫消长也。盖将自其变者而观之，则天地曾不能以一瞬；自其不变者而观之，则物与我皆无尽也，而又何羡乎？且夫天地之间，物各有主，苟非吾之所有，虽一毫而莫取。惟江上之清风，与山间之明月，耳得之而为声，目遇之而成色。取之无禁，用之不竭。是造物者之无尽藏也，而吾与子之所共适。"

客喜而笑，洗盏更酌。肴核既尽，杯盘狼藉。相与枕藉乎舟中，不知东方之既白。

第四篇

为真理不懈努力

马寅初不畏强权讲真话

马寅初（1882—1982），中国当代经济学家、教育学家、人口学家。新中国建立后，他曾担任中央财经委员会副主任、华东军政委员会副主任、北京大学校长等职。他一生专著颇丰，特别对中国的经济、教育、人口等方面有很大的贡献。

马寅初是中国著名的人口论专家、经济学家。他一生不仅在学术研究方面有所建树，而且素以敢说真话而备受人们尊敬。

抗日战争时期，马寅初在重庆大学商学院任教时，因敢于揭露国民党政府的腐败现象，曾被蒋介石软禁在歌乐山。但这并没有使马寅初屈服，相反，他更加坚定了自己的革命立场。

马寅初说："我这个人呀，叫我不讲真话不行。我有一句座右铭：讲别人讲过的话是容易的，讲别人想要讲的话是比较容易的，但是，想要讲别人不敢讲的话，就不容易了。我就是要讲别人想讲而又不敢讲的话。"他是这样说的，也是这样做的。

有一次，学院请马寅初为全院师生员工作报告。报告的前一天，院长改变了主意，不想如期进行了。原来是校长听到了国民党政府要派特

务进行捣乱的消息，担心马寅初教授生命有危险。

当马寅初听到这些情况之后，十分平静地对院长说："我早就把生死置之度外，要说真话，总是要得罪人的。讲假话，讲大话，不仅没有生命危险，还会博得国民党政府的青睐，甚至可以升官发财，请您放心，我会对付的。"

报告会如期进行，整个商学院大礼堂座无虚席，连附近大学的师生也来了很多人。国民党特务也趁机混了进来，情况十分危险。

马寅初刚刚走上主席台，场下就爆发出雷鸣般的掌声。但人们也感到疑惑不解，因为马寅初教授还带来了自己的女儿，同时还有四个大汉抬着的一口木制棺材。

这时，马寅初走到台前，镇定自若地说："今天，我来作报告，大家有些疑问，我为什么要带女儿来，而且还抬来一口棺材？我想，今天的报告，我为了真理不能不讲呀。我带来了棺材，是准备吃特务分子的子弹的；我带来了女儿，是让她亲眼看着特务分子是怎样卑鄙地向他的父亲开黑枪的，好让她继承我的遗志。为了真理，就要敢于说真话！"

随后，马寅初话锋一转，开始了慷慨激昂的演讲。他摆出了国民党政府的种种腐败现象，四大家族如何垄断了中国的经济，老百姓吃不饱、穿不暖，还得交政府规定的这个捐、那个税。最后，他大声疾呼：作为一个中国人，不能再忍下去了……

马寅初的话像一把火一样点燃了人们的情绪，欢呼声、掌声响成一片。混进人群的特务分子看到形势对他们不妙，只好一个个偷偷地溜走了。

报告后，据说蒋介石写信给马寅初教授，叫他别在大庭广众中作报告了，如果他要"高官"，政府给他官做。马寅初教授看后，把信烧了，义正词严地说："我要真理，我就是要讲真话！"

为了宣扬真理，马寅初不怕牺牲，敢讲真话，这在战争年代是十分可贵的。马寅初的行为充分表现了一位中华民族优秀知识分子光明磊落的胸怀、高尚的道德情操和坚定的革命立场。

■史海撷英

马寅初的演讲风采

1947年5月23日，上海市各大中院校学生为了声援南京"五二〇"惨案，举行了轰轰烈烈的罢课活动。当时，正在中华工商学院执教的马寅初毅然贴出一张声明："本教授遵照上海市学联罢教一天。"

接着，马寅初又准备到南京演讲，揭露国民党反动内战、出卖民族利益等罪行。特务公开威胁他说："马寅初敢去演讲，就干掉他！"然而马老不顾个人安危，只身前往南京，临行前还给家属留下了遗嘱。

同年冬天，马寅初在学校的小礼堂作演讲。在开会前，他发现场内有特务，但依然从容不迫地走进会场，义愤填膺地说："我晓得人群里面就有特务，正用手枪瞄准我的胸膛。我不怕！怕就不会到这里讲话了。我反对国民党贪污腐化，反对蒋介石的独裁……我不要当立法委员……有人骂我当学生尾巴，有人却当了美国人的尾巴，那才是可耻的……"

听了马老的讲演，会场上报以雷鸣般的掌声。

■文苑拾萃

马寅初墓

1982年，马寅初在北京逝世。遵其遗愿，部分骨灰被送回家乡嵊州，

安葬于下王舍村母亲王太夫人墓旁。

在马寅初墓的墓碑背后，写有这样的文字，是他们的子女写的，记录于后：

先父马寅初生于浙江绍兴，后迁嵊县，留学美国，获博士学位。为著名的经济学家、人口学家及教育家。先母张桂君，浙江嵊县人，贤淑仁惠，勤俭持家，堪称贤内楷范。先父留美九年，先母独承家务，仰侍俯畜，恪尽妇职，其后先父在国内各地供职，先母始终伴随，甘苦与共。先父去世后始南迁至沪，俩老共同生活八十余年。杭州系其久居之地，今遵遗愿，择葬于此，谨缀语。

"广西才子"冯振

冯振（1897—1983），字振心，自号"自然室主人"，原名冯汝铎。广西北流市人。知名的教育家、中国古典文学研究专家、诗人，原广西师范学院（现广西师范大学）文学院系主任、教授。

"治学严谨，执教醇笃"，这是中国古代文学专家、中国现代传记文学的开拓者朱东润在挽联中对冯振的评价。认识冯振教授的人都会觉得，这一评价是非常恰当的。

冯振对儒、佛、道都有研究，在文、史、哲等方面均有所成就。他长期从事中国古典文学的教学和研究工作，在诸子学、训诂学和文字学方面造诣深厚。冯振生前将自己的诗编为《自然室诗稿》《自然室诗续集》和《自然室诗第三集》。1989年，广西师范大学出版社整理出版了《自然室诗稿与诗词杂话》，成为他长期从事古诗词研究与创作的结晶。他一生写诗1000多首，经他本人整理收进了《自然室诗稿》的诗就有900首，这些诗也都是他一生思想感情生活的真实反映。

冯振的诗歌继承了杜甫"以时事入诗"的传统，"感愤伤时"

在思想上和艺术上都有很高的成就。冯振几乎与世纪同龄，在旧社会里，他饱经沧桑，亲眼目睹了北洋军阀和国民党的反动统治。也正因为如此，他的诗能够紧扣时代发展的脉搏，渗透着忧国忧民的思想感情，揭露了旧社会反动派的黑暗统治，同情广大人民群众的疾苦。新中国成立后，他热情讴歌党和人民建设新中国的伟大成就。

冯振善于吸收中国古典诗歌传统的精华，博采众长，兼收并蓄，最终使冯诗自成一体。他在《自题诗集》之三中写道："转益多师是汝师，杜陵心法不吾欺。中兼汉魏包唐宋，上溯洪荒下近兹。"在语言风格上，他的诗语言清新活泼，平常浅易，没有华丽的词藻，更没有艰深的文字，往往都是在简洁朴素、平淡浅易的言辞中表达出真挚的感情，营造出独特的意境。这样的诗往往能意在言外，让人回味无穷。更为难得的是，他的诗极少用典，更不讲求"无一字无来处"。

冯振的诗歌大都凝练概括，生动准确，且富有真情实感，没有矫揉造作之辞，正因为感情真挚自然，所以诗的表现力和感染力特别强烈。此外，他的诗还注重对民间俗语的吸收采用。许多作品初看如脱口而出，明白如话，不假雕琢，但若细细品味，就觉得于寻常中见功力，更加显得朴素自然，不刻意求工，风格平淡。

■故事感悟

冯振的作品，不仅是他所处时代的一面镜子，同时也是他自己的一部传记。从他的作品中，我们可以看到他的"全人"，看到他一生的全过程。所以，无论是为诗、为师、为人，他都无愧于"广西才子"的美誉。

恢复高考

1977年，中断了10年的中国高考制度得以恢复，中国也由此重新迎来了尊重知识、尊重人才的春天。

1977年9月，中国教育部在北京召开全国高等学校招生工作会议，决定恢复已经停止了10年的全国高等院校招生考试，以统一考试、择优录取的方式选拔人才上大学。恢复高考的招生对象是工人农民、上山下乡和回乡知识青年、复员军人、干部和应届高中毕业生。会议还决定，录取学生时，将优先保证重点院校、医学院校、师范院校和农业院校，学生毕业后由国家统一分配。

新中国成立后的第一枚生肖邮票

猴票又称庚申猴、金猴，是中国邮票总公司于1980年（庚申年）2月15日发行的一套生肖邮票。

猴票也是我国发行的第一张生肖邮票。猴票是特种邮票，编号为T—46，全套一枚，面值8分（人民币）。猴票背景为红色，图案是由著名画家黄永玉绘制的金丝猴。邮票的原图也由黄永玉绘制，邮票由邮票总设计师邵柏林设计，由姜伟杰雕刻，采用影写版与雕刻版混合套印方式印刷，由北京邮票厂印刷。

猴票尺寸为26×31毫米，齿孔11.5度，一版80张（8×10）。猴票的发行量猜测在360万枚至800万枚之间，《中华人民共和国邮票目录》（2003年）中记载的庚申年猴邮票的发行量为500万枚。

黄炎培坦诚提见解

黄炎培（1878—1965），中国近现代著名的爱国主义者和民主主义教育家，中国近代职业教育的创始人和理论家。以毕生精力奉献于中国的职业教育事业，为改革脱离社会生活和生产的传统教育、建设中国的职业教育作出过重要贡献。

黄炎培是中国现代著名的爱国民主人士、教育家。抗日战争时期，他在重庆担任国民参政员，参加了中国民主同盟，后来还发起组织了中国民主建国会。他认为，抗战要获得胜利，建国要获得成功，必须先完成政府和民众的合作、中央和地方的合作、国民党和共产党以及各民主党派的合作。他也愿意为实现三大合作的目标尽力。于是，在1945年7月初，黄炎培访问了延安，当时他已是67岁高龄了。

黄炎培看到，在延河两岸高高低低的峰壁上凿着无数窑洞，那里都是老百姓的家。中国共产党中央、边区政府和八路军领导机关的房子分布在山坡上下，和民间建筑没有多大差别。延安的军政人员不论男女，大都穿制服，朝气蓬勃；老百姓的衣料或是蓝色或是白色的土布，都很整洁。延安人最推崇的是劳动英雄，延安的干部讲求全心全意为人民服务，不谋私利。黄炎培想，比起重庆，延安的前途是无限的。

毛泽东热烈地欢迎黄炎培到延安来，和他畅谈了两个多小时。期间，毛泽东问他："您对延安的感觉怎样？"

黄炎培想："做人必须自己立定脚跟，切不可依墙傍壁，人家说好就是好，说坏就是坏，且必须服从真理。"于是，他坦诚地说出自己的意见："我这一辈子活了60多岁，亲眼目睹了很多家庭、团体乃至国家都受着一种周期率的支配，就是它们在兴起的时候是朝气勃勃的，可是很快就衰亡了。因为创业初期聚精会神，没有一事不用心，没有一人不卖力；后来环境渐渐好转了，思想也就渐渐放松了。有的是惰性发作成风，无法扭转、无法补救了；有的是在它的区域、事业发展和扩大的时候，领导干部渐见竭蹶，控制不了越来越复杂的环境。一部历史，'政怠官成'的也有，'人亡政息'的也有，'求荣取辱'的也有，总之没有能够跳出这周期率的。希望中国共产党能够找出一条新路，跳出这一周期率的支配。"

黄炎培的这席话受到了毛泽东的赞扬，毛泽东肯定地说："这话是对的。"而且毛泽东也很有信心地告诉他："我们已经找到了新路，我们能跳出这个周期率，这条新路就是'民主'。只有让人民来监督政府，政府才不敢松懈。只有人人负责，才不会'人亡政息'。"

黄炎培回到重庆，写了《延安归来》一书，用日记的方式详细记载了他亲眼目睹的中国共产党的施政政策和解放区的成就以及领导人的作风，结果受到国民党特务的抄家搜查。

人民忘不了黄炎培的诚实正直，新中国成立后，他被任命为中央人民政府政务院副总理兼轻工业部部长。

□故事感悟

　　黄炎培能够坦诚地提出问题，并针对问题提出了自己的看法，对于执政党来说无疑是敲了警钟。他的这种诚实正直的品德和对历史政权兴衰的看法给我们以极大的启迪。

近代地理奠基人竺可桢

竺可桢（1890—1974），又名绍荣，字藕舫。汉族。浙江上虞人。中国卓越的科学家和教育家，当代著名的地理学家和气象学家，中国近代地理学的奠基人。他先后创建了中国大学中的第一个地学系和中央研究院气象研究所。曾担任浙江大学校长13年，被尊为中国高校四大校长之一。

竺可桢一生所走过的道路，是一条求实的道路。在竺可桢看来，说老实话，办老实事，坚持实事求是，是从事科研工作的原则，也是做人的原则。因此，竺可桢一生始终都坚守着这一准则。

在20世纪50年代，有不少地方不讲科学，用土枪土炮轰击云层，以达到人工消除冰雹的目的。竺可桢经过深入调查，认为这种做法耗资甚大而收效较小，因而提出异议。他坚持认为，必须对雹云形成机制进行深入的研究，指出不进行深入研究，仅仅动员群众以土法消雹的做法纯属劳民伤财之举。在当时的历史背景下，敢于对这一问题提出批评意见，力排众议，不怕冒着给群众运动泼冷水的罪名，其诚实的科学态度着实可贵。

1962年，竺可桢和著名人口学家马寅初等人，力主中国人口问题要有一个计划，不能盲目发展，提出管制生育已是当务之急。但是，这个建议同样遭到了一些人的强烈反对。当年，竺可桢还对一些地区大批开垦荒地荒山、不顾水土大量流失的做法提出了严肃的批评和建议。

竺可桢是国内外最负盛名的科学家之一，在我国科技界和其他方面担任过许多重要的领导职务，但他从不盛气凌人，不以权威自居。他平易近人，诚实可信，虚怀若谷，不耻下问，勇于并乐于改正过失。在学术讨论和日常工作中，他对别人提出的不同意见也总是虚心听取，认真对待。有时还在报刊上发表文章，公开表示接受他人批评。

■故事感悟

竺可桢的科研成果为中国的科研事业作出了巨大贡献，他勇于坚持真理、严谨治学的品质也激励着我们一代代人。

■史海撷英

竺可桢临危受命

1935年冬，"一二·九"运动爆发，并且很快波及全国。同年12月10日，浙大学生召开全校大会表示响应，并发动杭州各校学生近万人于11日举行抗日示威游行。

然而，当时的浙大校长郭任远竟秉承国民党省党部旨意，招来军警镇压学生，逮捕学生代表12人。这一举动不但没有阻止学生们的爱国行动，反而使广大学生积压已久的愤怒如同火山一样迸发出来。他们当即决定罢课，发表驱郭宣言。学生的行动得到了大多数教职员的同情和支持，要求撤换校长，成了浙大全体师生的共同呼声。

为了平息家乡的学潮，蒋介石不得不于1936年1月12日亲自到校训话，但形势依然没有得到缓和。在不得已的情况下，蒋介石只得同意更换校长。在陈布雷、翁文灏等人的推荐下，蒋介石最终将新校长的人选圈定为竺可桢。

经过再三考虑，竺可桢决定接任浙大校长职务。1936年3月8日，竺可桢将自己的意愿告诉陈布雷，并提出了三项条件：第一，财政须源源接济；第二，校长有用人全权，不受政党干涉；第三，时间以半年为限。4月7日，行政院政治会议正式通过由竺可桢担任浙大校长的决定。

■文苑拾萃

浙江大学

浙江大学位于美丽的西子湖畔，是一所具有悠久历史的全国重点大学，其前身是成立于1897年的求是书院，为中国人自己创办最早的高等学府之一。

在20世纪三四十年代，在校长竺可桢的带领下，国立浙江大学汇聚了一大批著名学者。其中，数学有钱宝琮、陈建功、苏步青等，物理有胡刚复、王淦昌、朱正元、吴健雄等，化学有王葆仁、王琎、卢嘉锡、李寿恒，生物有罗宗洛、贝时璋、谈家桢，土木工程电机有钱令希、王国松，历史、地理有谭其骧、任美锷、钱穆、梅光迪，农学有蔡邦华、吴福桢、梁庆椿、卢守耕、吴耕民，教育有费巩、黄翼，国学有丰子恺、马一浮、郑晓沧等。

在学生中，后来也涌现出一大批杰出的学者大师。因此，在竺可桢担任校长期间，浙江大学以文理称雄于中国。1948年，首批中央研究院院士浙江大学的教授就有4人入选，居全国第三位。